LA FACE CACHÉE DU QUAI D'ORSAY

DU MÊME AUTEUR

L'Amérique contre de Gaulle.
Histoire secrète 1961-1969, Seuil, 2000.

VINCENT JAUVERT

LA FACE CACHÉE DU QUAI D'ORSAY

Enquête sur un ministère à la dérive

Robert Laffont

© Éditions Robert Laffont, S.A., Paris, 2016
ISBN 978-2-221-15704-6

À Tania

Avant-propos

Ce livre ne doit rien à la direction du Quai d'Orsay. Au contraire.

Au début, la réaction du ministère a été des plus courtoises : « Une enquête sur notre maison ? Quelle bonne idée ! Nos portes vous sont grandes ouvertes. » Pourtant, dès que le cabinet de Laurent Fabius a compris qu'il ne s'agissait pas de brosser un panégyrique de cette prestigieuse institution mais d'en comprendre les rouages secrets, ni d'en admirer les lambris dorés mais de regarder sous le tapis, il a pris peur. Peur de ce que je pouvais découvrir derrière les apparences si bien entretenues : cette face cachée du Quai que la haute hiérarchie de la maison dissimule avec tant de soin, depuis si longtemps. Alors les portes officielles se sont brutalement refermées.

Mais voilà : au ministère des Affaires étrangères, l'insatisfaction et la colère sont si grandes que près d'une centaine de diplomates en activité ou à la retraite – une tribu que je côtoie depuis quinze ans comme grand reporter au *Nouvel Observateur*, devenu *L'Obs* – ont accepté de briser l'omerta. De me parler *on* et *off*. De me confier des documents confidentiels. De raconter les coulisses de ce haut lieu de pouvoir, gardien de la grandeur de la France, du moins en théorie. Bref, de sortir les « cadavres » des placards.

Après deux ans d'enquête, le constat est sévère, bien plus que je ne l'imaginais en commençant. Le succès des négociations sur le climat en décembre 2015, cette COP21 dont Laurent Fabius ne voulait pas, est l'arbre qui cache la forêt. L'organisation réussie de cet événement mondial pourrait bien être le chant du cygne d'un Quai d'Orsay quatre fois centenaire et aujourd'hui en plein déclin.

Minée par le copinage, paralysée par le conservatisme, cette institution majeure de la République initiée en 1547, puis refondée en 1789, traverse la plus grave crise de son histoire. Servie par des fonctionnaires souvent compétents, c'est une administration opaque, davantage obnubilée par son budget que par les intérêts de la France. Un ministère dirigé au doigt mouillé, maltraité par le pouvoir politique sous Sarkozy comme sous Hollande, qui, depuis dix ans, ne sait plus où il va, ni à quoi il sert, si ce n'est à maintenir son pré carré au cœur de l'État.

Certaines découvertes m'ont sidéré : l'impunité quasi totale dont jouissent encore les ambassadeurs malgré les scandales qui s'accumulent ; le montant de leurs revenus réels, que l'administration s'emploie toujours à cacher avec énergie ; les privilèges de la nomenklatura diplomatique qui, jusqu'à l'année dernière, logeait pour presque rien dans un immeuble ultrachic, propriété du ministère ; le pantouflage croissant dans le privé des plus importants diplomates au mépris des règles de déontologie ; ou encore l'étendue des malversations et du laisser-aller qui règnent dans certains consulats.

J'ai eu d'autres surprises : le poids de plusieurs multinationales dans le Quai d'Orsay, qui vit désormais à leurs crochets ; la vente à la va-vite d'ambassades, de résidences ou d'instituts culturels, joyaux du patrimoine national à l'étranger, pour boucler les fins de mois du ministère ; le coût réel de notre siège de membre permanent au Conseil de sécurité de l'Organisation des Nations unies (ONU) ; la puissance d'un réseau de hauts diplomates, surnommé « la secte », qui dans l'ombre influence les choix diplomatiques de la France ; la quantité de matériels d'écoutes installés par la Direction générale de la sécurité extérieure (DGSE), sur le toit de nos ambassades et le nombre d'espions sous couverture diplomatique...

Puisse ce tableau, dressé sans concession mais sans acrimonie, encourager nos gouvernants, d'aujourd'hui et de demain, à réformer en profondeur ce ministère régalien, dont le rôle, à l'heure de la mondialisation, n'a jamais été aussi précieux.

1

Un scandale étouffé

C'est l'affligeante histoire d'un ambassadeur de renom — et de gauche — soupçonné d'avoir confondu la caisse du Quai d'Orsay avec la sienne… et de l'inavouable mansuétude dont il a bénéficié de la part de François Hollande. Un dossier vite enterré parce qu'il révèle certaines pratiques détestables de l'establishment politico-diplomatique.

L'affaire commence au début de l'été 2012, quelques semaines après l'élection de François Hollande, quand un pli anonyme parvient au ministère des Affaires étrangères. Il est adressé à la direction générale de l'administration. Le paquet, dont l'expéditeur reste aujourd'hui encore inconnu, contient une liasse de documents comptables joints par un simple élastique. Il y a là une trentaine de photocopies de factures adressées à de grandes entreprises[1] : L'Oréal, Vuitton, Kenzo, Ruinart, Balenciaga, Moët et Chandon, Rochas, Citroën, Relais et Châteaux… Des documents, remplis à la main, qui attestent la remise de confortables sommes — 3 000,

---
1. Archives personnelles de l'auteur.

5 000 ou 7 000 euros... – à une seule et même personne : Bruno Delaye, ambassadeur de France à Madrid.

Delaye ? Au Quai d'Orsay, qui ne connaît pas sa crinière blanche, ses pochettes de soie et son teint éternellement hâlé ? Hâbleur, gouailleur, charmeur, ce sexagénaire est l'une des gloires de la maison depuis plus de trente ans. « Observez-le et faites comme lui ! » conseille un jour le publicitaire Jacques Séguéla à un parterre de diplomates agacés. Avec son rire tonitruant et son entregent d'animateur télé, ce renard argenté fascine et horripile. Il est drôle, brillant, bon vivant. Il aime le vin, les femmes et la corrida. Il adore s'afficher en saharienne sur de grosses motos, crinière au vent. C'est un flambeur, à l'aise partout. Il tutoie François Hollande et Carla Bruni. Il est l'ami prodigue d'une pléiade d'artistes, d'hommes d'affaires, de journalistes et d'hommes politiques de tous bords, qu'il reçoit avec faste et chaleur dans ses résidences officielles. Il les charme par sa joie de vivre, son entrain – et aussi par ses soirées légères qu'il organise régulièrement, ainsi qu'en attestent plusieurs de ses hôtes[1].

Il est l'enfant chéri du Quai d'Orsay et de la Mitterrandie. Ministre plénipotentiaire hors classe – le grade le plus élevé pour un diplomate –, il maîtrise la machine des affaires étrangères comme personne. « J'ai grandi dans des ambassades[2] », aime-t-il à répéter. Son père, Raoul, était lui aussi diplomate. Il l'a accompagné

---

1. Entretiens avec l'auteur, les 4 avril, 7 mai et 29 septembre 2015.
2. Entretien avec l'auteur, le 3 avril 2015.

partout, de Bonn à Mogadiscio. En 1975, le jeune Bruno embrasse à son tour la Carrière. Il choisit le Quai à sa sortie de l'École nationale d'administration (ENA), où ses condisciples de la promotion Léon Blum s'appellent Martine Aubry, Alain Minc ou Bernard Bajolet, actuel patron de la DGSE.

À la différence de son père, il a le cœur et l'ambition à gauche. À l'ENA, il milite au Centre d'études, de recherches et d'éducation socialiste (Ceres) de Chevènement. En 1981, il s'introduit vite dans le cœur de la Mitterrandie. Claude Cheysson, premier patron du Quai d'Orsay après la victoire du 10 mai, le prend sous son aile. Il fait de lui un *golden boy* de la diplomatie française. À vingt-neuf ans, Delaye se retrouve conseiller au cabinet du ministre. À trente-neuf, il est bombardé ambassadeur, un record. Un an après, en 1992, il entre dans le saint des saints, à l'Élysée : François Mitterrand l'appelle à ses côtés pour remplacer son fils, Jean-Christophe, écarté à cause de ses relations d'affaires trop voyantes, à la tête de la sulfureuse « cellule Afrique » – une consécration.

Là, Bruno Delaye se lie d'amitié avec le secrétaire général, Hubert Védrine, avec lequel il gère le dossier empoisonné du Rwanda. Ils en partagent les secrets les plus sombres. Du coup, quand Védrine devient ministre des Affaires étrangères en 1997, il veut l'ami Bruno à ses côtés. Le fêtard coule alors des jours heureux à l'ambassade de France à Mexico, où, le soir, on croise à la fois des reines de beauté et le prix Nobel de littérature, Octavio Paz. Dans la capitale mexicaine, Bruno Delaye, roi des plaisirs, fascine. Il « assiste à des corridas en compagnie de l'actrice María Félix, écrit le journaliste Hubert Coudurier[1], ou à des matches de boxe organisés par les gangs locaux qui le font applaudir quand il pénètre dans la salle ».

Son copain Hubert lui confie la puissante Direction générale de la coopération internationale et du développement (DGCID), en charge de sept mille personnes. Il relève le défi avec talent. Après la défaite de Lionel Jospin, retour à la *dolce vita* : Dominique de Villepin envoie Delaye, qu'il connaît depuis longtemps, dans une autre capitale joyeuse et ensoleillée, Athènes, où il fait merveille, puis à Madrid – autre paradis. Delaye adore l'Espagne, pays des couche-tard et des taureaux, où son père a lui-même représenté la France un quart de siècle plus tôt.

Le compte personnel de l'ambassadeur

Quand le pli anonyme arrive au Quai d'Orsay au début de l'été 2012, cela fait cinq ans que Bruno Delaye occupe avec faste la résidence de France à Madrid, magnifique propriété de 18 000 mètres carrés, située dans le quartier le plus chic de la ville. Avec sa piscine et ses tapisseries des Gobelins, c'est l'un des lieux les plus prisés de la capitale espagnole. Un palais magique pour organiser des réceptions. Pour la grandeur de la France mais pas seulement. L'ambassadeur ne rechigne pas non plus à louer le lieu. Et c'est là toute l'affaire.

---

1. *Amours, ruptures et trahisons*, Fayard, 2008.

UN SCANDALE ÉTOUFFÉ

La trentaine de photocopies indique qu'il a facturé des sommes rondelettes à des firmes pour la mise à disposition de sa résidence. Cette activité lucrative est encouragée par Paris pour boucler les fins de mois du Quai d'Orsay. Seulement voilà : selon toutes les *facturas*[1] photocopiées, l'argent a été versé directement à la Caixa, la caisse d'épargne catalane, sur le compte personnel de l'ambassadeur – et non sur un compte de l'ambassade !

À peine a-t-elle ouvert le mystérieux colis, que sa destinataire, Nathalie Loiseau, la directrice générale de l'administration, comprend que l'affaire est politiquement très sensible. Elle sait que Delaye est un marquis de la Mitterrandie, dont Laurent Fabius, alors patron du Quai, est l'un des princes. Elle marche sur des œufs. D'autant plus qu'elle a été nommée par le ministre précédent, Alain Juppé, dont elle est proche. Et si ce colis était un piège ? Elle réunit ses proches collaborateurs. Ont-ils eu vent, dans le passé, d'irrégularités à Madrid ? « Oui, des trucs curieux », répond l'un d'eux. Elle respire et décide de transmettre la patate chaude à l'inspection générale du Quai, les « bœuf-carottes » des diplomates. Une saisine officielle.

Le patron des inspecteurs s'appelle Xavier Driencourt. Ancien ambassadeur en Algérie, c'est un haut fonctionnaire gaulliste apparenté aux Debré. Un fidèle d'Alain Juppé, aussi. Que va-t-il faire de ce bâton de dynamite ? Comme tout le monde au Quai, il est

---

1. Par exemple, la facture n° A-28050359 de 4 000 euros en date du 19 février 2009, adressée à L'Oreal Espagne (département activité cosmétique).

17

intimidé par le passé et le réseau de Delaye. Et, pour l'instant, Fabius refuse de désavouer le camarade Bruno. Bien que Nathalie Loiseau l'ait informé des soupçons qui pèsent sur lui, le nouveau ministre a décidé de le nommer ambassadeur à Brasília. Après Athènes et Madrid, une troisième ambassade d'affilée, du jamais-vu. Décidément, l'ami Bruno est un cas à part. Le chef des « bœuf-carottes »[1] décide de patienter avant de lancer une enquête.

L'occasion d'agir se présente quelques mois plus tard, en décembre 2012. Delaye prend ses quartiers au pays de la samba. La voie est libre. En février 2013, une équipe d'inspecteurs déboule à l'ambassade de France à Madrid. Ils épluchent tous les comptes. Leurs soupçons s'alourdissent. Le 23 février 2013, Xavier Driencourt envoie à Laurent Fabius une note de synthèse confidentielle[2]. Il écrit que Bruno Delaye a, de juin 2008 à juin 2011, reçu sur son compte au moins 91 000 euros de grandes entreprises dans le cadre de la location de sa résidence. Or, ajoute-t-il dans ce texte, aucune facture ne justifie l'utilisation de ces sommes pour payer les frais de pince-fesses, tels que nourriture, boisson, décoration…

Le chef des inspecteurs s'étonne aussi que les sommes reçues par l'ambassadeur soient toujours des chiffres ronds : 6 000 euros de *Marie Claire*, 4 000 de L'Oréal, 3 000 de Kenzo, 5 000 de Citroën ou de

---

1. M. Driencourt refuse de parler en détail de l'affaire. Entretien avec l'auteur, le 3 février 2015.
2. Source confidentielle de l'auteur.

Groupama. Par quel incroyable hasard le bilan comptable de ces soirées tombe-t-il toujours aussi juste ? *Last but not least*, contrairement aux règles en vigueur, l'ambassadeur n'a jamais informé le Quai d'Orsay de ces locations. « Ces éléments, conclut Xavier Driencourt dans sa missive à Laurent Fabius, ne constituent qu'un faisceau d'indices, de présomption, de détournement de fonds[1]. » Autrement dit, les inspecteurs soupçonnent Bruno Delaye de s'être discrètement mis dans la poche un droit d'entrée pour la location de la résidence de France, les entreprises achetant elles-mêmes tout ce dont elles avaient besoin pour leurs réceptions.

Les deux lettres de l'intendant

Quand il est informé des résultats de l'enquête, Bruno Delaye tente d'abord d'éteindre l'incendie, seul. Le 8 mars 2013, il fonce à Madrid et convoque Michel P.[2], son ancien intendant à l'ambassade. Les deux hommes se retrouvent dans un restaurant. À la suite de quoi, Bruno Delaye remet aux inspecteurs une lettre tapée à la machine et signée par l'ex-intendant – une missive qui le disculpe... Michel P., qui d'ordinaire parle et écrit mal la langue de Molière, y affirme, dans un français châtié, que Delaye lui a confié les sommes données par les entreprises et qu'il s'en est servi pour acheter la nourriture et financer les décorations nécessaires aux

---

1. Note au ministre du 23 février 2013.
2. L'auteur préfère taire le nom de ce fonctionnaire modeste qui n'a joué qu'un rôle secondaire dans l'affaire.

soirées. Mais il ajoute que, comble de maladresse, lui, il n'a pas conservé toutes les factures des commerçants et autres fournisseurs !

Pas convaincus, les « bœuf-carottes » retournent à Madrid et interrogent l'intendant qui, d'une main tremblante, rédige une note, datée du 23 avril 2013[1], dans laquelle il reconnaît avoir menti : « Je n'ai jamais payé de factures pour des événements organisés à la résidence par des entreprises françaises ou locales. » Et il ajoute qu'en réalité tous les frais étaient engagés par les firmes elles-mêmes ; que Bruno Delaye ne lui a jamais remis les sommes en question. Autrement dit, l'ambassadeur aurait bien gardé les 91 000 euros pour lui.

L'ancien *golden boy*, qui risque de fortes sanctions si le détournement de fonds est démontré, est immédiatement convoqué au Quai d'Orsay à Paris. Il est interrogé à plusieurs reprises par des hommes qu'il connaît bien, trois ex-ambassadeurs : l'inspecteur général Driencourt, Pierre Sellal, secrétaire général du Quai, et Yves Saint-Geours, directeur général du ministère. Les quatre hommes se tutoient mais l'interrogatoire est pénible. Delaye s'explique laborieusement, s'embrouille. Il argue que tout n'est qu'un problème comptable, mais ne convainc pas. On le laisse retrouver sa nouvelle ambassade, à Brasília.

En juillet 2013, il annonce qu'il doit quitter le Brésil. Pour « des raisons personnelles, à cause de sa vieille mère malade », assure-t-il à la presse. En réalité, il

---
1. Archives personnelles de l'auteur.

est rappelé par Laurent Fabius. L'affaire fuite dans *Le Canard enchaîné*[1] qui écrit : « Les inspecteurs soupçonnent [Bruno Delaye] d'avoir quelque peu confondu la caisse de l'ambassade de Madrid et la sienne. » L'animal est atteint. Mais il n'est pas mort.

« Il est flamboyant, je suis gris »

Au cours de l'été, Delaye mobilise le Tout-Paris, récolte des soutiens dans tous les milieux. « Jack Lang, André Rossinot, Jean-Pierre Chevènement ou le très influent patron de la Compagnie des signaux [devenue Communication et Systèmes], Yazid Sabeg, interviennent au plus haut niveau en sa faveur[2] », raconte un ancien haut responsable. Des artistes, des intellectuels, des politiques, des frères maçons font le siège du cabinet de Fabius, afin qu'il amende le rapport des inspecteurs. Au Quai aussi, certains collègues de gauche intriguent pour qu'il n'écope pas d'une sanction que les « bœuf-carottes » voudraient exemplaire.

Son plus grand soutien est... le directeur général de l'administration en personne, Yves Saint-Geours. Delaye a été son patron pendant trois ans à la direction de la coopération. Et il est issu de la même promotion de l'ENA que son grand frère Frédéric, l'un des dirigeants de Peugeot. Homme strict, Saint-Geours voue un véritable culte à l'extravagant Delaye. « Il est flamboyant,

---
1. *Le Canard enchaîné*, 24 juillet 2013.
2. Entretien avec l'auteur, le 8 juin 2015.

21

je suis gris[1] », confesse ce protestant, sosie d'Alain Minc. Il ajoute : « Cette affaire a été une blessure pour moi. »

Le directeur général du Quai d'Orsay, qui conserve toujours le dossier « Delaye » dans son coffre, assure que, au cours de l'été 2013, Bruno Delaye est finalement parvenu à retrouver les factures de nourriture ou de décoration « qui avaient disparu ». Par quel miracle ? « Il a fait le tour des commerçants de Madrid qui lui ont donné des photocopies[2] », affirme-t-il. « Oui, j'ai retrouvé les pièces et, en juillet 2013, je les lui ai remises[3] », confirme l'intéressé. Sans préciser comment il a réussi un tel exploit pour les pièces remontant à 2008, c'est-à-dire cinq ans auparavant. Et la seconde lettre de l'intendant qui l'accuse ? Selon Bruno Delaye, « les inspecteurs l'ont forcé à écrire ce tissu de mensonges ». Son ami Saint-Geours ne dit pas cela, il assure seulement qu'à son avis l'ambassadeur « n'a pas détourné d'argent ». Et il précise : « Je le lui ai écrit. » Il admet toutefois que Delaye « n'a pas pu reconstituer les justificatifs de toutes les dépenses ». Et que « peut-être », lui, Yves Saint-Geours, « a été l'idiot utile de cette affaire ».

L'idiot de qui ? La découverte de ces vieilles factures arrange bien l'Élysée, où Bruno Delaye compte là aussi beaucoup d'amis. Le propre conseiller diplomatique du président de la République, Paul Jean-Ortiz, a été son adjoint à Madrid pendant trois ans. Le chef de l'État, lui-même, lui doit un service : début 2012, en pleine

---

1. Entretien avec l'auteur, le 11 mars 2015.
2. *Ibid.*
3. Entretien avec l'auteur, le 3 avril 2015.

UN SCANDALE ÉTOUFFÉ

campagne électorale, François Hollande se rend à Madrid pour rencontrer le Premier ministre espagnol, José Luis Rodríguez Zapatero. L'ambassadeur l'accompagne.

Colère de Sarkozy quand il découvre les images de l'entrevue... et la crinière de Delaye au journal télévisé. Jusque-là le président-candidat aimait bien ce diplomate fantasque qui avait réussi à le charmer en exposant dans sa résidence des toiles de son père Pal. « J'étais l'ambassadeur chouchou de Sarko[1] », assure l'intéressé. Mais il a ouvertement pactisé avec l'ennemi. Le président décide d'annuler la nomination que Delaye attendait : à Rome et sa prestigieuse ambassade, le sublime palais Farnese. Quand Hollande apprend la nouvelle, il fait venir l'ami Bruno dans son bureau à l'Assemblée nationale. « Je suis désolé, s'excuse celui qui sera bientôt élu chef de l'État, je saurai te renvoyer l'ascenseur[2]. »

Ceci explique-t-il cela ? François Hollande a-t-il protégé l'ami Bruno ? Une chose est sûre : le cas Delaye a été traité avec une grande mansuétude. De l'avis de plusieurs diplomates importants, il aurait au moins dû être interrogé par une commission paritaire disciplinaire. Une telle instance – qui se réunit par grade – a le pouvoir d'infliger des sanctions allant de la mise à pied à la radiation en passant par la mise en retraite anticipée. « Plusieurs agents d'ambassade ont été radiés pour avoir détourné quelques milliers

---

1. Entretien avec l'auteur, le 3 avril 2015.
2. Citation de François Hollande rapportée à l'auteur par Bruno Delaye, le 3 avril 2015.

d'euros[1] », pointe un diplomate important. Mais, pour Delaye, la commission des ministres plénipotentiaires hors classe n'a même pas été réunie ! Il faut dire qu'en dehors du ministre, une seule personne a pouvoir de la convoquer : le directeur général de l'administration, un certain Yves Saint-Geours. « J'assume », clame ce dernier. Notons que dans ladite commission siège, au nom de la CFDT, un proche de François Hollande : Jean-Maurice Ripert, ambassadeur en Russie et ancien de la promotion Voltaire à l'ENA.

D'autres diplomates s'étonnent que les agissements de Bruno Delaye n'aient pas fait l'objet de l'article 40 du Code de procédure pénale, qui contraint tout fonctionnaire qui « acquiert la connaissance » d'un possible délit à en informer sans délai le procureur de la République. « Cela aurait permis, après enquête approfondie de la police, d'en avoir le cœur net et notamment d'interroger les entreprises qui ont versé de l'argent à Delaye, ce que les inspecteurs du ministère n'ont pas le pouvoir de faire », affirment plusieurs hauts responsables du Quai. Mais là encore l'usage veut que ce soit le directeur général de l'administration qui fasse une telle déclaration. Dans d'autres cas, il n'a pas hésité. Pour Delaye, il ne l'a pas jugé nécessaire. « J'assume », redit Yves Saint-Geours, qui jure n'avoir reçu aucune pression politique, ni de Laurent Fabius ni de l'Élysée. On n'est pas obligé de le croire ; d'autant moins que Bruno Delaye se serait personnellement entretenu de son affaire avec François Hollande et le chef de la diplomatie.

---

1. Entretien avec l'auteur, le 7 juillet 2015.

L'ex-*golden boy* s'en tire avec une simple égratignure. Officiellement, l'administration lui reproche uniquement de ne pas avoir respecté une circulaire de 2007 qui oblige les ambassadeurs et les consuls à signer une convention avec les entreprises lors de la location de leurs résidences. Rien de plus. « Le ministre a décidé de vous infliger un blâme », lui écrit le secrétaire général du Quai d'Orsay, le 4 octobre 2013. Un blâme, comme à l'école ! « C'est plus qu'un avertissement », se défend Yves Saint-Geours, le plus sérieusement du monde. Et encore la sanction – qui sera effacée du dossier trois ans plus tard, c'est-à-dire le 4 octobre 2016 – n'est pas rendue publique. Si bien que Delaye peut agiter ses réseaux dans la presse et prétendre qu'il a été « blanchi[1] ». Certes, on l'informe qu'il ne sera pas nommé dans une autre ambassade. Pas pour l'instant du moins. Il doit rester à Paris à lézarder pendant quelques semaines, et donc se contenter de toucher son traitement de base de ministre plénipotentiaire – 5 500 euros environ par mois –, ce qui n'est finalement pas si mal. Surtout que la Mitterrandie vient très vite à son secours.

Dîner d'État à l'Élysée

Deux mois après le blâme, en décembre 2013, Jacques Attali, le patron de PlaNet Finance, le recrute comme conseiller spécial[2]. Bruno Delaye reste toutefois

---
1. *Le Nouvel Observateur*, 24 octobre 2013. L'information sur le blâme « fuitera » cinq jours plus tard dans une lettre confidentielle (*Le Bulletin quotidien*, le 29 octobre 2013).
2. *Les Échos*, 18 décembre 2013.

diplomate. Puis, un an plus tard, il est nommé patron d'Entreprise et Diplomatie, une officine d'intelligence économique, dont l'État détient une minorité de blocage et qui possède un représentant du Quai d'Orsay au sein de son conseil d'administration. Il retrouve là un vieux collègue de la Mitterrandie : Jean-Claude Cousseran, ancien patron de la DGSE, qu'il a connu au cabinet de Claude Cheysson en 1982.

Sa mise à l'écart de la diplomatie française ne dure pas. Début juin 2015, il est convié à l'Élysée pour le dîner d'État en l'honneur du roi d'Espagne, Felipe VI. En septembre, il participe à la semaine des ambassadeurs qui réunit tous les plus hauts diplomates français. Et, fin octobre 2015, il est du voyage de François Hollande en Grèce[1].

Notons enfin que le directeur général de l'administration, Yves Saint-Geours, celui qui vénère tant Bruno Delaye, sera nommé ambassadeur à Madrid. Depuis septembre 2015, il loge, donc, à son tour, dans la magnifique résidence, au cœur du quartier chic de la capitale, avec piscine et tapisseries des Gobelins. On ignore s'il la loue.

---

1. Dossier de presse du déplacement de François Hollande en Grèce, les 22 et 23 octobre 2015.

2

Linge sale

Le Quai rechigne – c'est le moins que l'on puisse dire – à sanctionner ses énarques. « On lave notre linge sale en famille[1] », se gausse l'un d'entre eux. Et pour cause ! La haute hiérarchie est le plus souvent issue de la prestigieuse école, dont les diplômés disposent d'un puissant syndicat maison, l'ADIENA[2]. Si bien que les affaires impliquant ambassadeurs ou consuls se retrouvent rarement exposées sur la place publique et encore moins devant les tribunaux, à la grande déception des « bœuf-carottes » qui les ont mises au jour.

Prenez cette histoire[3] qui a fait éclater de rire le Quai, maison d'ordinaire si difficile à dérider. Début 2013, une mission d'inspection du ministère des Affaires étrangères est dépêchée au Luxembourg. Les « bœuf-carottes » ont reçu plusieurs plaintes concernant l'ambassadeur sur place, Jean-François Terral, et son épouse. Certaines dénonciations n'étaient pas anonymes. Un dirigeant de

---

[1]. Entretien avec l'auteur, le 6 mars 2015.
[2]. Association syndicale des agents diplomatiques et consulaires issus de l'ENA.
[3]. Racontée sur la base de différents témoignages confidentiels et des archives de l'auteur.

la chambre de commerce du Grand-Duché a pris la plume pour s'étonner de l'extrême médiocrité des repas servis à la table de Son Excellence l'ambassadeur de France. En octobre 2011, la directrice locale d'une compagnie d'assurances française s'est dite, elle, furieuse d'une « indélicatesse » plus grave. Elle aurait confié 1 500 euros au couple Terral afin qu'ils les remettent aux agents de l'ambassade qui l'avaient aidée à résoudre une affaire difficile et qu'elle tenait à remercier. Or les enveloppes n'auraient jamais été données aux intéressés... Bref, la probité du couple serait sérieusement mise en doute.

Jean-François Terral n'est pas un diplomate de seconde zone. Ancien élève de l'ENA, promotion Léon Blum – celle de Bruno Delaye... –, il a dirigé l'Office français de protection des réfugiés et des apatrides (OFPRA). Pourtant, en épluchant son compte personnel et en interrogeant les employés de l'ambassade, les inspecteurs découvrent des pratiques de grippe-sous. On raconte même que les fleurs déposées le matin sur le monument aux morts de la ville... se seraient retrouvées le soir même en petits bouquets sur les tables de réception de l'ambassadeur !

Gratter sur tout

Selon le rapport des inspecteurs, les Terral « grattaient » sur tout. Et particulièrement sur les frais de représentation. La règle veut que, lorsqu'il reçoit des hôtes dans sa résidence, un ambassadeur avance de sa poche les dépenses liées à la réception. Pour se faire rembourser, il doit indiquer à Paris le nombre de convives. À part le vin et le champagne, le remboursement est forfaitaire : 15 euros par personne pour un cocktail et 35 pour un déjeuner ou un dîner. Selon une note de l'inspection datée du 19 mars 2013, les Terral auraient parfois servi de « la nourriture notoirement périmée », notamment celle qu'ils auraient rapportée plusieurs années auparavant, de Serbie, leur précédent poste.

Selon les inspecteurs, ils auraient facturé souvent 35 euros un déjeuner pour le moins frugal, composé d'une salade et d'une tranche de jambon sous vide. Enfin, ils auraient gonflé le nombre d'hôtes lors de leurs lugubres pince-fesses. Quand ils avaient dix invités, ils auraient prétendu en avoir nourri le double. Cette dernière tricherie, la plus simple, leur aurait rapporté au moins 10 000 euros en trois ans, selon les calculs des inspecteurs.

Qu'est-il alors arrivé à l'ambassadeur Terral ? Rien de bien méchant. Il a été convoqué à Paris. Il a admis « quelques maladresses ». Le directeur général de l'administration lui a écrit une lettre bien sentie. Et c'est tout. « Comme il devait partir à la retraite quelques semaines plus tard, on l'a laissé terminer son mandat[1] », explique un haut responsable du ministère. Sans sanction ni dépôt de plainte. On a bien imaginé lui faire rembourser à l'administration au moins les 10 000 euros correspondant à ses invités imaginaires. Selon le principal intéressé[2], le Quai « n'est pas allé jusque-là »

---

1. Entretien avec l'auteur, le 29 septembre 2015.
2. Entretien téléphonique avec l'auteur, le 23 novembre 2015, auquel M. Terral a brutalement mis fin.

puisque « le dossier était totalement vide », l'affaire n'étant qu'une « cabale » contre lui. En tout cas, il est parti à la retraite s'occuper de ses vignes en Charente après avoir été discrètement remplacé au Luxembourg par un certain Guy Yelda, un diplomate désœuvré, qui avait connu François Hollande à l'ENA.

Pendant des décennies, le Quai d'Orsay a totalement fermé les yeux sur les petits arrangements avec les frais de représentation alloués aux ambassadeurs – frais qui atteignent aujourd'hui, selon les postes, entre 10 000 et 200 000 euros par an, le maximum étant réservé au représentant aux Nations unies à New York. Jusqu'en 1999, « il était on ne peut plus simple de grignoter quelques dizaines de milliers d'euros chaque année[1] », confie un important diplomate. Le ministère versait la somme directement sur le compte personnel de l'ambassadeur, lequel n'avait jamais à justifier de son utilisation ! Les « indélicats » étaient donc libres de n'en dépenser qu'une partie dans le cadre de leurs fonctions et de garder la différence. « Il était de notoriété publique que certains, parfois très bien notés, profitaient du système pour servir de la piquette ou des frites surgelées à leurs invités, révèle un diplomate. C'était désastreux pour l'image de la France dans le pays hôte, mais pas interdit[2]. »

---

1. Entretien avec l'auteur, le 30 mai 2015.
2. *Ibid.*

LINGE SALE

La tricherie continue

En 1999, le ministre Hubert Védrine entreprend d'assainir le système. Il s'occupe d'abord des alcools, source première de fraude. Les ambassadeurs sont désormais priés d'acheter sur leurs propres deniers leur vin et leur champagne, qui leur sont remboursés sur facture. Pour le reste, la nourriture, les extras, les fleurs, le remboursement se fera au forfait. Mais ce contrôle n'est pas suffisant, la tricherie continue. Alors, en 2012, le Quai décide, afin d'éviter toute tentation, que les alcools seront achetés et payés directement par le service comptable de l'ambassade, et non plus par le chef de poste. Enfin, à la suite de l'affaire Terral, les ambassadeurs sont tenus d'ouvrir un compte en banque dédié aux seuls frais de représentation, afin que ceux-ci ne soient pas noyés dans la comptabilité générale. « Il est toujours possible de frauder, mais c'est plus visible[1] », confesse un inspecteur. La confiance règne…

Aucun ambassadeur, à notre connaissance, n'a été poursuivi pour ce type de pratiques. Même impunité pour les « disparitions » d'objets de valeur dans les représentations diplomatiques. Là encore, des diplomates de haut rang sont régulièrement accusés par la rumeur publique de quitter leur poste en emportant quelques « souvenirs » – sans qu'aucun, selon nos informations, ait été puni par l'administration, et encore moins amené devant les tribunaux pour ces faits. Pourtant, c'est parfois plus qu'une simple rumeur.

---

1. Entretien avec l'auteur, le 6 avril 2015.

En juin 2014, le sénateur Roland Du Luart remet un rapport[1] accablant sur la gestion des œuvres d'art en dépôt dans les représentations diplomatiques françaises. Il s'agit là d'un patrimoine considérable : 18 000 objets – tableaux, tapisseries, vases... –, parfois de grande valeur. Or, selon les derniers relevés, 1 011 sont considérés comme « non vus », un euphémisme pour dire « présumés détruits ou volés ». 1 011 ! Et encore ce chiffre n'intègre pas « les céramiques de Sèvres, ce qui l'aurait rendu beaucoup plus élevé », dénonce le sénateur, sidéré par un tel laxisme.

Même quand ils sont pris sur le fait, les diplomates énarques risquent moins qu'un citoyen lambda. Marc Fonbaustier est nommé consul général à Hongkong en 2009. Un an plus tard, en novembre 2010, il est rappelé à Paris. Les autorités chinoises l'accusent d'avoir dérobé plusieurs bouteilles de vin extrêmement chères dans plusieurs clubs et restaurants huppés de la ville. Des vidéos de surveillance ont enregistré ses agissements. Les consuls ne bénéficiant pas des mêmes immunités que les ambassadeurs, ils peuvent être arrêtés et emprisonnés par les autorités du pays d'accueil. Ne voulant pas créer d'incident diplomatique avec Paris, les Chinois ont donné quarante-huit heures au consul pour quitter la ville. Il ne s'est pas fait prier.

---

1. Rapport d'information sur « l'inventaire des œuvres d'art en dépôt dans les représentations diplomatiques », 24 juin 2014.

Le Quai décide de ne pas déposer plainte contre lui. Mais, l'affaire ayant fait la une des journaux[1], en Chine, le ministère n'a pas d'autre choix que de punir Marc Fonbaustier, qui, ironie de l'histoire, a été décoré de l'ordre du Mérite quelques semaines auparavant. Il est suspendu pendant six mois, sans salaire. Mais à son retour, il est étonnamment bien traité. En 2010, il intègre le centre de crise du Quai d'Orsay comme sous-directeur. Et, en 2014, Laurent Fabius le nomme ambassadeur au Togo, au grand dam des médias locaux[2] informés de l'affaire de Hongkong. Pourquoi une telle mansuétude, alors qu'un grand nombre de diplomates irréprochables attendent une affectation depuis des mois, parfois des années ? Est-il protégé par ses nombreux amis bien placés, notamment ses anciens camarades de promotion à l'ENA, en poste à l'Élysée ou à la direction du Quai ? Beaucoup en sont convaincus.

Un pédophile impuni

Depuis quelques années, les affaires de pédophilie sont, elles, traitées avec moins de légèreté. « Longtemps, la maison ne disait rien, voire laissait partir des diplomates suspects de pédophilie dans des pays où les enfants étaient des proies faciles, révèle une ancienne cadre du service du personnel. C'est beaucoup moins le cas aujourd'hui[3]. » Plusieurs diplomates importants,

---
1. *Le Monde* du 30 novembre 2010 titrait « Le consul de France à Hongkong rappelé à la suite d'un vol de vin ».
2. Par exemple *Afrika Express*, 3 août 2014.
3. Entretien avec l'auteur, le 4 mars 2015.

mais jamais des ambassadeurs, ont été radiés puis traînés devant les tribunaux pour de tels actes. À l'image d'un consul général à Tamatave (Madagascar), condamné en 1997 ; ou d'un consul d'Alexandrie (Égypte), condamné en 2008 à six mois de prison ferme pour avoir agressé sexuellement un garçon de treize ans.

Il reste encore des cas d'impunité. Ainsi ce jeune diplomate détaché récemment du Quai d'Orsay au siège des Nations unies à New York. Comme il n'a été ni condamné ni officiellement sanctionné, on ne peut pas citer son nom. M. X ne sort pas de l'ENA mais il est diplômé d'une prestigieuse école. Un jour de 2013, le FBI monte une opération anti-pédophilie. Parmi les numéros de téléphone des prédateurs, il déniche celui d'un officiel de l'ONU : M. X. L'homme est immédiatement démis de ses fonctions par Ban Ki-moon, le secrétaire général de l'organisation.

Le Quai pourrait remettre le jeune homme à la justice américaine. Mais il veut protéger l'image de la France, ternie après l'affaire DSK, autant que la réputation de la maison. M. X est simplement rappelé. Comme il n'est pas sûr que son immunité diplomatique couvre de tels faits et qu'il a encore en mémoire l'arrestation de l'ancien patron du FMI sur le tarmac de l'aéroport Kennedy, il se rend discrètement en voiture à Montréal, d'où il s'envole vers Paris.

Au Quai, on le prévient qu'il ne sera plus jamais affecté à l'étranger. Mais on ne le poursuit pas et on ne le renvoie pas. On lui confie même un drôle de placard pour un prédateur sexuel utilisant Internet pour assouvir ses pulsions : gérer les réseaux sociaux d'une direction de la maison ! Il y demeure quelques mois. Puis un ancien diplomate de haut rang reconverti dans une prestigieuse banque d'affaires le recrute. Mais il n'est pas rayé pour autant des cadres du ministère. La preuve : en septembre 2015, M. X a pris part à la conférence des ambassadeurs et, simple négligence ou volonté de passer l'éponge, son nom apparaît dans un jury de concours interne au Quai d'Orsay...

Allusions « malsaines »

En matière de sanctions, l'histoire récente du Quai est également marquée par l'affaire Dahan. Pour comprendre son importance, il faut rappeler qu'au ministère des Affaires étrangères les commissions de discipline se réunissent par grades : secrétaires, conseillers, etc. Et aussi incroyable que cela paraisse, la commission de discipline des ministres plénipotentiaires – niveau le plus élevé dans la hiérarchie des diplomates – ne s'est réunie qu'une seule fois : le 7 décembre 2010, et justement au sujet de l'ambassadeur Paul Dahan, représentant de la France auprès du Conseil de l'Europe, à Strasbourg. Celui-ci est ministre plénipotentiaire de deuxième classe mais – est-ce un hasard ? – pas énarque. Quand l'affaire débute, il est en poste depuis un an.

Jusque-là, il a fait une carrière plus qu'honorable, puisqu'il a été conseiller diplomatique du premier patron de la Direction centrale du renseignement intérieur (DCRI[1]), Bernard Squarcini. Mais son passé dans

---

1. Devenue, en 2014, la Direction générale de la sécurité intérieure (DGSI).

la police ne le protège pas. À l'évidence, il est allé trop loin. Une élève de l'ENA, qui faisait son stage à la représentation à Strasbourg, l'accuse par écrit de harcèlement moral. Alertés par la missive, les inspecteurs collectent sur place plusieurs témoignages accablants.

Dans leur rapport du 20 septembre 2010[1], ils affirment que l'ambassadeur Dahan aurait multiplié, et depuis longtemps, les blagues et les allusions « malsaines ». « Le face-à-face entre le diplomate et la stagiaire de l'ENA durant la commission de discipline était particulièrement pénible[2] », témoigne l'un des participants. « Je ne comprends pas pourquoi elle ment[3] », assure Paul Dahan, qui reconnaît l'avoir « engueulée pendant une demi-heure pour avoir mal rédigé un télégramme, mais rien de plus ».

À l'unanimité, la commission de discipline, présidée par le directeur général de l'administration, Stéphane Romatet – futur conseiller diplomatique de Manuel Valls à Matignon –, décide que ce comportement, « gravement fautif, altère sérieusement la réputation du corps des hauts fonctionnaires auquel [Paul Dahan] appartient ». Elle estime qu'« une sanction exceptionnelle doit être prononcée ». Comme l'ambassadeur a soixante-deux ans, elle propose sa mise à la retraite d'office, condamnation la plus grave après la révocation. C'est chose faite par décision du Conseil des ministres, le 10 septembre 2010.

Dans la foulée, Paul Dahan est remplacé par un ancien conseiller de Paris un temps impliqué dans

---

1. Montré par M. Dahan à l'auteur, le 25 juin 2015.
2. Entretien avec l'auteur, le 12 septembre 2015.
3. Entretien avec l'auteur, le 25 juin 2015.

l'affaire des faux électeurs du IIIe arrondissement[1], Laurent Dominati, que Nicolas Sarkozy avait exfiltré comme ambassadeur au Honduras et qui, après trois ans d'exil, était impatient de retrouver la France. Après quoi, en vertu de l'article 40 du Code de procédure pénale, le Quai d'Orsay dénonce Paul Dahan au procureur de la République, le 20 octobre 2010. En octobre 2012, l'ex-ambassadeur est mis en examen pour « harcèlement moral ». Il attend son jugement.

Épouses tyranniques

Cette affaire a marqué le début d'un changement d'attitude du ministère à l'égard du harcèlement. « Parfois on découvre des chefs de poste complètement dingues, qui traitent leurs collaborateurs n'importe comment, raconte un ancien inspecteur. Souvent ils ne font que reproduire ce qu'ils ont subi d'un patron tyrannique[2]. » Là encore l'administration a longtemps fermé les yeux. Et puis la loi sur le harcèlement a changé et a durci les peines, en France comme dans beaucoup de pays. Si bien que ce type de déviance peut désormais coûter très cher au harceleur et à son employeur, le ministère des Affaires étrangères. C'est pourquoi le Quai scrute désormais avec attention le comportement des ambassadeurs mais aussi celui de leur... conjoint.

---

1. Mis en examen en 2000, il est relaxé en 2006. Sans affectation après l'arrivée de Laurent Fabius, il quitte le Quai d'Orsay en septembre 2014.
2. Entretien avec l'auteur, le 4 juin 2015.

Ces dernières années, plusieurs ont été rappelés à Paris et mis au placard – au moins pour un temps – à cause du style tyrannique ou déplacé de leurs femmes. Dans un pays d'Europe, l'épouse d'un chef de poste jetait régulièrement de la vaisselle à la tête du cuisinier et de l'intendant. Le couple a été rapatrié. Autre cas, qui concerne un diplomate de droite, énarque et toujours très en vue : à peine arrivée dans une nouvelle résidence, son épouse a pris l'habitude de faire licencier la moitié du personnel de maison, recruté localement, même ceux qui sont là depuis des décennies. À la troisième incartade, en 2014, l'ambassadeur en question a été discrètement alerté par l'un de ses collègues : sa carrière risquait de souffrir du comportement tyrannique de sa chère et tendre. À ce jour, la dame n'a pas changé ses manières.

Ces affaires de harcèlement sont si menaçantes pour la réputation et les finances du Quai d'Orsay que Laurent Fabius a décidé de nommer un médiateur, chargé de recueillir les plaintes et de déminer les dossiers le plus tôt possible. Il a choisi l'une des plus grandes figures du Quai, qui vient de prendre sa retraite : Pierre Vimont, fils de diplomate, directeur de cabinet de plusieurs ministres des Affaires étrangères, ex-ambassadeur aux États-Unis... et ancien élève de l'ENA, bien sûr.

3

Les Mickey d'Orsay

Le calvaire a duré six ans. De 2005 à 2011, le Quai d'Orsay a hérité de trois ministres qui ont accablé leurs subordonnés de leurs insuffisances et de leurs bourdes à répétition – une série unique dans l'histoire de la Ve République...

À tout gaffeur tout honneur : Philippe Douste-Blazy. En matière de sottises, l'ancien maire de Lourdes a fait des miracles. Le 8 septembre 2005, le médecin qui vient de remplacer Dominique de Villepin visite le Yad Vashem, le mémorial aux victimes de la Shoa, à Jérusalem. La mine grave, le docteur à la mèche faussement rebelle s'arrête devant une carte de la présence juive en Europe avant et après la guerre. Il l'examine attentivement. Puis le spécialiste du cholestérol se tourne vers le conservateur du musée et demande le plus sérieusement du monde : « Il n'y a pas eu de Juifs tués en Angleterre ? » Le curateur, pour le moins surpris par tant d'ignorance, lui répond : « Mais, monsieur le ministre, la Grande-Bretagne n'a pas été envahie par les nazis ! » Le Lourdais, qui ne s'en laisse pas compter, rétorque : « Mais n'y a-t-il pas eu des Juifs expulsés d'Angleterre ? » L'ambassadeur de France qui l'accompagne, Gérard Araud, regarde ses chaussures, affligé.

Après cet incident, révélé par *Le Canard enchaîné*[1] et confirmé par le quotidien israélien *Haaretz*[2] quelques jours plus tard, la presse gratifie le ministre de différents sobriquets : de l'aimable « Douste Blabla » au violent « Condorsay », en passant par le drolatique « Mickey d'Orsay[3] ». Le bon mot le plus précis est trouvé par *Libération*[4] : « Le ministre des Affaires qui lui sont étrangères[5] ». C'est le moins que l'on puisse dire. L'ineffable Douste qui a, allez savoir pourquoi, beaucoup œuvré auprès de Jacques Chirac pour diriger la diplomatie française, a plus d'une boulette dans son sac.

Un mois plus tard, il est en visite à Tunis. Tout commence plutôt bien. Douste reçoit des opposants à l'ambassade de France et, en rétorsion, le dictateur Ben Ali annule son audience au palais présidentiel. Mais, au lieu d'en rester là, « Douste Blabla » tient absolument à faire connaître au monde l'étendue de sa bravoure. Il organise une conférence de presse et déclare en bombant le torse : « Si c'était à refaire, je le referais », tant il est vrai, ajoute-t-il, particulièrement inspiré, que « les droits de l'homme sont un marqueur essentiel de la démocratie[6] ». En effet.

---

1. *Le Canard enchaîné*, 14 septembre 2005.
2. *Haaretz*, 19 septembre 2005.
3. *Le Monde*, 26 avril 2006.
4. *Libération*, 29 septembre 2005.
5. Non sans humour, Philippe Douste-Blazy publiera avant son départ un ouvrage intitulé *Des Affaires pas si étrangères*, Odile Jacob, 2007.
6. *Jeune Afrique*, 23 janvier 2007.

Confondre Thaïlande et Taiwan...

Les collaborateurs de Douste finissent par lui préparer, la veille de chaque entretien, des notes précises. Mais, au lieu d'en mémoriser l'essentiel, le ministre « se contentait de les lire devant son interlocuteur d'une voix monocorde[1] », raconte l'un de ses collaborateurs à l'époque. Les conseillers changent de méthode. Ils confectionnent des fiches questions-réponses très détaillées. Mais leur drôle de patron n'y jette qu'un œil distrait.

Le 6 novembre 2005, quelques jours à peine après son insurpassable déclaration d'amour aux droits de l'homme et à la démocratie, il reçoit la présidente du Sri Lanka, Chandrika Kumaratunga. Avant de quitter ses fonctions[2], celle-ci tient à lui parler de la succession de Kofi Annan, dont le mandat à la tête de l'ONU arrive à échéance, un an plus tard, en décembre 2006. Pour le remplacer, elle milite en faveur d'un diplomate de son pays. Elle voudrait connaître la position de la France qui, membre permanent du Conseil de sécurité, peut opposer son veto à tout candidat. D'ordinaire, à ce stade de la compétition, Paris laisse planer le doute sur ses intentions. Mais Douste Blabla ne s'encombre pas de ce type de subtilité[3].

Il interrompt la dame et lui dit : « Ne vous donnez pas tant de peine avec moi : la France a décidé de soutenir le vice-Premier ministre de Taïwan... » L'honorable

---
1. Entretien avec l'auteur, le 20 septembre 2015.
2. Élue présidente en novembre 1994, elle quitte ses fonctions le 19 novembre 2005.
3. Témoignages de plusieurs diplomates recueillis par l'auteur.

Sri Lankaise, estomaquée, réplique : « Vous êtes sûr qu'il est candidat ? » « Évidemment », assure, sans regarder ses fiches, le ministre des Affaires étrangères de la cinquième puissance du monde. Alors la présidente réfléchit puis finit par glisser : « Mais, monsieur le ministre, une telle candidature est impossible puisque Taïwan n'est pas membre des Nations unies... » En fait, non seulement Douste n'a pas respecté les consignes de prudence, mais il a aussi confondu Taïwan et Thaïlande... « Un art consommé de la bourde[1] », résumera *Le Monde* à son sujet, quelques semaines plus tard.

Écrire deux SMS en même temps

Une autre ? Le 30 mars 2006, à huit heures du matin, le ministre s'envole dans un Falcon du gouvernement vers Berlin. Il a convié à bord deux journalistes : l'un de l'AFP et l'autre du *Nouvel Observateur*[2]. Le moment est important : les ministres des six grandes puissances se réunissent à Berlin pour parler du programme nucléaire iranien et c'est la première fois qu'ils le font d'une manière aussi solennelle – le début d'une longue série de réunions qui aboutira, neuf ans plus tard, à l'accord du 14 juillet 2015[3].

Les deux reporters demandent au ministre ce qu'il attend de cette rencontre cruciale. Philippe Douste-Blazy interrompt la rédaction simultanée de deux SMS différents

---

1. *Le Monde*, 24 avril 2006.
2. Notes de l'auteur présent ce jour-là avec le ministre.
3. Voir le chapitre « La secte », p. 241.

sur ses deux téléphones – tout un art ! –, esquisse un sourire et déclare doctement : « Nous allons rédiger une déclaration présidentielle du Conseil de sécurité au sujet du programme iranien d'enrichissement de l'uranium. » Clair et net.

Le correspondant de l'AFP prépare aussitôt sa dépêche et le ministre se replonge dans l'écriture des SMS, quand, à sa droite, le directeur politique du Quai d'Orsay, Stanislas de Laboulaye, se gratte la gorge et murmure : « Monsieur le ministre, ce n'est pas tout à fait cela. Cette déclaration a été adoptée hier. En fait, nous allons parler des suites à lui donner… » Le calvaire des diplomates durera plus d'un an, jusqu'à l'élection présidentielle de mai 2007.

Le cas Bernard K.

Quand le « french doctor » Bernard Kouchner remplace le cardiologue lourdais, le Quai d'Orsay est soulagé. Voilà enfin un ministre qui, lui, n'est pas étranger aux affaires extérieures, a beaucoup voyagé et parle anglais – contrairement à « Douste [qui] refusait d'admettre qu'il ne maîtrisait pas la langue de Shakespeare et que donc il avait besoin en permanence d'un interprète, révèle l'un de ses plus proches collaborateurs à l'époque. Du coup, pendant les réunions internationales il cherchait toujours à s'asseoir à côté d'un francophone, généralement un Luxembourgeois…[1] ».

---

1. Entretien avec l'auteur, le 28 septembre 2015.

Oui, Bernard Kouchner ! Enfin un ministre très populaire, symbole de l'« ouverture », qui pourra profiter de son aura pour faire bouger le ministère, redorer son image et lui redonner du poids dans l'appareil d'État, assurent beaucoup de diplomates, enthousiastes. Et puis le compagnon de Christine Ockrent désirait tant occuper le bureau de Vergennes[1]. Quel que soit le président. Juste avant le second tour du scrutin de 2007, « Bernard Kouchner m'a appelé, ainsi que des proches de Ségolène Royal, pour dire à quel point, si elle était élue, elle devrait le nommer au Quai », raconte[2] un des conseillers de la candidate. Finalement c'est Nicolas Sarkozy qui le choisit, non sans avoir d'abord proposé le poste à Hubert Védrine, qui a refusé.

À soixante-huit ans, Bernard Kouchner est plein d'allant et d'idées. Au début en tout cas. Il entame des réformes importantes. Il crée le centre de crise du ministère, qui fonctionne toujours admirablement bien. Un « pôle religion » aussi, qu'il confie au sociologue franco-libanais Joseph Maïla, et que Laurent Fabius démantèlera sans raison. Kouchner tente également de réorganiser l'action culturelle extérieure, en créant un organisme unique, l'Institut français, dont l'expérience sera sabordée par le même Fabius. Secouant les habitudes machistes de la maison[3], il nomme par ailleurs beaucoup de femmes ambassadrices. Enfin, dès son arrivée, Bernard Kouchner essaye d'aider le Liban, qu'il

---
1. Comte de Vergennes, secrétaire d'État des Affaires étrangères de Louis XVI, dont une copie du bureau était dans le bureau du ministre jusqu'en 2007 ; l'original se trouvant au Louvre.
2. Entretien avec l'auteur, le 14 décembre 2015.
3. Voir le chapitre « La panique des mâles », p. 187.

connaît si bien, à sortir d'une grave impasse politique. Bref, il fait le job.

Mais, au fils des mois, il perd le contrôle de la diplomatie française, de son ministère puis, il faut bien le dire, de lui-même. Il avale des couleuvres de plus en plus grosses. L'Élysée l'empêche de nommer le directeur de cabinet de son choix. « Je voulais Jean-Maurice Ripert [actuel ambassadeur à Moscou], témoigne-t-il aujourd'hui, mais Jean-David Levitte, le conseiller diplomatique de Nicolas Sarkozy, y a mis son veto. Les deux hommes ne se supportaient pas depuis la seconde cohabitation, quand l'un était conseiller diplomatique de Lionel Jospin et l'autre celui de Chirac[1]. » Bonne pâte, Bernard Kouchner accepte. « Il n'aurait jamais dû se laisser faire[2] », regrette l'un des rares qui continuent à le défendre au Quai.

« Ministre à contretemps »

L'inventeur du droit d'ingérence humanitaire ne moufte pas beaucoup non plus quand le président Sarkozy fait des courbettes devant les pires dictateurs. En décembre 2007, il se fait porter pâle pour un dîner à l'Élysée en l'honneur de Mouammar Kadhafi, le dictateur libyen, mais il minimise l'importance de la visite en la qualifiant d'« épiphénomène ».

Il ne dit rien, en mars 2008, quand des chefs d'État africains obtiennent le renvoi de son secrétaire d'État à

---
1. Entretien avec l'auteur, le 13 septembre 2015.
2. Entretien avec l'auteur, le 24 septembre 2015.

la Coopération, Jean-Marie Bockel, qui avait naïvement cru pouvoir sonner la fin de la Françafrique. Et quand Bachar al-Assad assiste en 2008 au défilé du 14-Juillet sur les Champs-Élysées, il se contente de murmurer : « Cela ne m'amuse pas spécialement, mais c'est ce qu'il faut faire. » Sa ligne politique apparaît floue, voire incohérente. Les diplomates ne savent plus quoi penser. Quelques jours plus tôt, la journaliste du *Monde* Natalie Nougayrède dresse de lui un portrait qui le met en rage. Il est intitulé : « Un ministre à contretemps[1] ».

Et puis, il y a les bourdes. Fin août 2007, quelques semaines après son arrivée au Quai, il appelle publiquement au départ du Premier ministre irakien, Nouri al-Maliki. « Beaucoup pensent qu'[il] doit être changé[2] », déclare-t-il au magazine *Newsweek*. Sur le fond, il a raison : sept ans plus tard, la politique du chiite Maliki sera considérée comme l'une des raisons du succès de Daech, organisation terroriste sunnite. Mais le chef de la diplomatie n'est pas un commentateur, il ne peut faire de telles déclarations à l'emporte-pièce sans affaiblir la position de la France. Il s'excusera quelques jours plus tard.

Kouchner maîtrise de moins en moins son langage. En juillet 2009, à la radio[3], il s'entête à appeler les turcophones Chinois les « yogourts », eux qui ont tant de mal à s'imposer comme Ouïgours parmi les Hans. Il parle, parle, parle, sans cesse. Il assomme tous ses interlocuteurs – journalistes ou chefs d'État ; de ses souvenirs d'ancien combattant ; de ses rencontres avec

---

1. *Le Monde*, 1er juillet 2008.
2. Mis en ligne sur le site de *Newsweek*, le 24 août 2007.
3. France Info, 10 juillet 2009.

Castro le Cubain ou avec Massoud l'Afghan. Parfois, ses mots filent sans logique, du coq à l'âne. « Il avait une pensée marabout-bout de ficelle[1] », dit joliment une diplomate de haut rang qui le connaît bien. Si bien que, consultés par *L'Express* en décembre 2009, ses pairs du gouvernement lui décernent le titre peu enviable de ministre « le plus gaffeur[2] ». Une fois encore, le Quai d'Orsay est à la dérive, sans capitaine crédible.

Mais un capitaine qui prend grand soin de ses proches. En 2008, sa femme est nommée directrice générale de l'Audiovisuel extérieur de la France, nouvel organisme qui regroupe TV5 Monde, RFI et France 24. Pourtant, contre toute logique, cet AEF n'est pas, l'année suivante, mis sous la tutelle du Quai, comme la logique le voudrait, mais sous celle du ministère de la Culture. Et cela, par simple convenance familiale. Selon un rapport parlementaire publié trois ans plus tard, Alain Juppé, alors ministre des Affaires étrangères, confirme « que cette décision insatisfaisante résultait de motifs purement conjoncturels, à savoir la volonté d'écarter le risque de conflits d'intérêts lié aux fonctions exercées respectivement par M. Bernard Kouchner, alors ministre des Affaires étrangères et européennes, et son épouse, Mme Christine Ockrent[3] ». Ainsi fonctionne la nomenklatura française !

---

1. Entretien avec l'auteur, le 18 septembre 2015.
2. *L'Express*, 16 décembre 2009.
3. Audition d'Alain Juppé, le 30 novembre 2011, devant la commission des Affaires culturelles de l'Assemblée nationale, citée dans le rapport d'information sur « la réforme de l'audiovisuel public » des députés Christian Kert et Didier Mathus, remis le 6 mars 2012.

Bernard Kouchner s'occupe d'un autre de ses intimes. Un an après son arrivée au ministère, il ordonne au directeur général de l'administration du Quai, Stéphane Romatet, qu'il a lui-même nommé, d'intégrer son lieutenant et porte-parole, le fidèle Éric Chevallier, médecin de formation comme lui, dans le prestigieux corps des ministres plénipotentiaires (MP). En principe, ce n'est pas illégal. Un décret biscornu prévoit que, si douze diplomates de carrière – précisément des « conseillers hors classe » – ont été promus MP dans l'année, on peut nommer à ce grade une treizième personne au tour extérieur – à condition qu'elle soit fonctionnaire mais non diplomate et qu'elle remplisse certaines conditions : avoir plus de quarante-cinq ans et plus de « dix-sept ans d'ancienneté dans les services publics[1] ».

En 2008, il y a bien douze intégrations de diplomates dans le corps, mais la carrière d'Éric Chevallier, qui est membre de l'inspection générale des Affaires sociales, satisfaisait-elle tous les critères requis, et en particulier celui des dix-sept ans d'ancienneté, pour être ce treizième MP ? Beaucoup au Quai s'interrogent encore. Et regrettent que, pour en avoir le cœur net, le plus grand syndicat de la maison, la CFDT-MAE, n'ait pas déposé un recours auprès du Conseil d'État, comme il le fait souvent. Pire, ils se demandent si cette soudaine apathie syndicale n'a pas été négociée, si les avantages sociaux que Bernard Kouchner a promis à la CFDT-MAE dans

---

1. Décret 69-222 du 6 mars 1969 modifié par le décret 84-44 du 18 janvier 1984.

une lettre du 9 mars 2009[1] au secrétaire général du syndicat, quelques semaines après la nomination de son lieutenant au grade de MP, n'ont pas été concédés en échange du silence du syndicat sur cette affaire.

Un pacte secret avec la CFDT ?

Certains assurent qu'un tel pacte a bien été scellé et ils savent même quand : un dimanche de la fin 2008, au cours d'une discussion discrète entre des représentants de la CFDT et le directeur général, Stéphane Romatet. La patronne actuelle du syndicat, Nathalie Berthy, reconnaît qu'« il y a bien eu, à cette époque, une [telle] rencontre bilatérale[2] », donc sans témoin… Elle ajoute, sibylline, qu'« elle n'était pas demandeuse » de cette entrevue et qu'elle « a analysé cet épisode comme une opportunité à ne pas laisser passer et à saisir immédiatement ». Elle ne précise pas pourquoi une telle « opportunité » s'est présentée. Le directeur général du Quai a-t-il organisé cette rencontre pour la convaincre de ne pas déposer de recours contre l'ami du ministre ? Elle assure que non, que la CFDT n'a rien entrepris uniquement parce qu'elle a été « informée trop tard de l'intégration » d'Éric Chevallier dans le corps des MP – et que donc son silence n'a pas été négocié.

Stéphane Romatet, aujourd'hui conseiller diplomatique du Premier ministre, Manuel Valls, rappelle, lui,

---
1. Publiée dans le bulletin de la CFDT-MAE, n° 182, avril 2009.
2. E-mail à l'auteur du 16 octobre 2015.

que cette nomination « a été faite à la demande du ministre[1] » et affirme ne pas avoir « conservé en mémoire tous les détails » de cette affaire. Quel dommage ! Quant à Bernard Kouchner, il « ne se souvient de rien[2] », seulement qu'« Éric était sans conteste le plus brillant ». Enfin, dans un e-mail très détaillé[3] dont il est impossible de vérifier l'exactitude, l'intéressé assure que, en cumulant les années qu'il a passées dans plusieurs ministères et dans différentes institutions françaises et internationales, il remplissait, en 2008, le critère d'ancienneté nécessaire pour devenir ministre plénipotentiaire au tour extérieur.

Quoi qu'il en soit, cette affaire durcit un peu plus encore les relations entre le ministre et ses subordonnés. Beaucoup lui reprochent de mal défendre le Quai, dont les effectifs ont chuté de 860 postes en quatre ans. Les légendaires colères du ministre, ses coups de gueule deviennent quotidiens. À New York, on le voit traiter son attaché de presse plus bas que terre[4]. Il use cinq directeurs adjoints de cabinet en trois ans, un record ! Il se croit cerné d'ennemis. Au Quai, où il a pourtant nommé beaucoup de directeurs de gauche, comme à l'extérieur.

La publication d'un livre[5] de Pierre Péan à son sujet, qui l'accuse d'entretenir des liens financiers troubles avec des dictateurs africains, le rend plus méfiant encore.

---
1. E-mail à l'auteur du 2 novembre 2015.
2. Entretien avec l'auteur, le 13 septembre 2015.
3. E-mail d'Éric Chevallier à l'auteur du 23 janvier 2016.
4. Notes de l'auteur.
5. *Le Monde selon K.*, Fayard, 2009. Un ouvrage par ailleurs nauséabond, qui traite le « french doctor » de « cosmopolite anglo-saxon » et d'incarnation de l'« anti-France ».

LES MICKEY D'ORSAY

En juillet 2010, une tribune signée par Hubert Védrine et Alain Juppé intitulée « Cessez d'affaiblir le Quai[1] ! » le convainc qu'il est l'objet d'une cabale – en réalité, le texte de ses deux prédécesseurs est plutôt dirigé contre Bercy et l'Élysée qui réduisent dangereusement, selon eux, le budget du ministère ; d'autant plus que cet article est publié à côté d'un entretien féroce de l'écrivain Jean-Christophe Rufin, tout juste rappelé du Sénégal – où Bernard Kouchner l'avait nommé ambassadeur en 2007 – à la demande du président Abdoulaye Wade. L'académicien y décrit un ministère « complètement marginalisé et sinistré où les diplomates sont dans le désarroi le plus total, car ils ne se sentent pas défendus[2] ».

L'estocade vient du secrétaire général de la CFDT-MAE, qui a vite oublié les avantages que Bernard Kouchner avait octroyés à son syndicat. Il rédige à son tour une tribune dans *Le Monde* titrée « Comptes et mécomptes de Bernard Kouchner ». Le syndicaliste l'accuse, lui aussi, de « ne pas défendre » le Quai et évoque un « divorce entre le ministre et les Affaires étrangères[3] ». C'est l'hallali. Il est temps qu'il parte. Il le fait en novembre 2010, non sans avoir écrit ses quatre vérités à Nicolas Sarkozy, dans une lettre de démission rédigée fin août 2010 où il fustige ses « conseillers qui croient bien le servir[4] ».

---
1. *Le Monde*, 6 juillet 2010.
2. *Ibid.*
3. *Le Monde*, 16 juillet 2010.
4. Lettre révélée par l'auteur dans *Le Nouvel Observateur* du 7 octobre 2010.

Ses deux bêtes noires : le secrétaire général de l'Élysée, Claude Guéant, chef d'orchestre de la diplomatie secrète de Nicolas Sarkozy, notamment avec les pays arabes ; et le conseiller diplomatique du président, Jean-David Levitte. Surnommé « Diplomator », ce spécialiste de l'Asie a déjà occupé cette fonction de sherpa auprès de Jacques Chirac de 1995 à 2000, avant d'être nommé représentant de la France auprès des Nations unies puis ambassadeur à Washington. Pendant la période Kouchner, il était considéré comme le « ministre bis ». Il le dément... à sa façon. « Quand j'étais conseiller du président et que les ministres s'appelaient Hubert Védrine ou Alain Juppé, personne ne s'imaginait que je dirigeais le Quai à leur place, dit-il aujourd'hui. Quand Bernard Kouchner occupait ce poste, il m'est arrivé d'indiquer les positions de l'Élysée à l'intérieur de la maison ou à des représentants étrangers lorsque celles du ministre n'apparaissaient pas assez claires ou en ligne avec celles du président Sarkozy[1]... »

Le désastre MAM

À l'arrivée de Michèle Alliot-Marie, le 18 novembre 2010, le Quai se prend de nouveau à espérer. Enfin une personnalité politique qui possède une certaine expérience du pouvoir, du vrai, qui a dirigé tous les autres ministères régaliens, Intérieur, Défense et Justice – un record. Et qui a été secrétaire générale du parti majoritaire, l'UMP. Elle saura faire. Lors de la passation de

---

1. Entretien avec l'auteur, le 7 mai 2015.

pouvoir, sa déclaration martiale à l'adresse de ses futurs subordonnés surprend un peu : « Vous êtes les soldats de [la] France », dit-elle. Avant d'ajouter : « De cette France qui a vocation à porter des valeurs dans le monde entier » – des mots qu'elle oubliera vite.

Dès le début, MAM braque la maison. Au lieu de choisir ses collaborateurs parmi des diplomates, elle fait appel à son clan, qui la suit de ministère en ministère. Elle nomme sa nièce, Ludivine Olive, chef de cabinet et un inspecteur des Finances, l'inséparable Alexandre Jevakhoff, directeur adjoint. Ce dernier veut mettre au pas le Quai, et particulièrement son secrétaire général, Pierre Sellal, qui du haut de son statut de vice-ministre fait de la résistance. La tension entre les deux hommes grippe le système. Les premières maladresses de MAM font soupirer les diplomates. « Lors d'une réunion avec des ambassadeurs, raconte l'un d'entre eux, elle nous dit : "Votre profession est mal connue, il faudrait qu'il y ait une série télé sur vous. Je connais du monde dans l'audiovisuel, je vais monter ça." Bref, elle nous prenait pour des demeurés[1]. »

Son ami Ben Ali

Survient l'affaire tunisienne. Le 12 janvier 2011, alors que la révolution partie de Sidi Bouzid est en marche depuis plusieurs semaines et que Ben Ali s'enfuira deux jours plus tard, la ministre prend la parole à l'Assemblée nationale. Les députés veulent connaître la

---

1. Entretien avec l'auteur, le 20 septembre 2015.

réaction de la France face à la répression féroce qui s'abat sur les manifestants. « On ne doit pas s'ériger en donneurs de leçons », la situation est « complexe », affirme-t-elle. Puis, tout en invitant les dirigeants à « mieux prendre en compte les attentes » des populations, elle leur propose de faire appel au « savoir-faire français »... en matière de maintien de l'ordre « reconnu dans le monde entier » ! C'est la bronca.

D'où vient une idée aussi aberrante ? « L'Élysée ne voulait pas que nous lâchions Ben Ali, révèle aujourd'hui l'un de ses plus proches collaborateurs. Or le gouvernement tunisien avait fait des demandes de matériel de type bombes lacrymogènes. Les services du Quai étaient très circonspects, mais je venais de passer outre leur réticence et d'autoriser cette exportation. J'ai eu tort, j'assume[1]. » L'équipe Alliot-Marie ne s'en remettra pas.

Elle tentera bien de détourner l'attention en désignant un bouc émissaire : le manque de réactivité de la France à propos de la révolution tunisienne serait la faute de l'ambassadeur de France sur place, Pierre Ménat. Il est très vite débarqué, le 26 janvier, douze jours à peine après le départ de Ben Ali. Le lendemain, une partie de son dernier télégramme[2], la veille de la chute de Ben Ali, fuite dans la presse, qui l'accuse d'« aveuglement[3] ».

Pourtant, à le lire en entier, ce télégramme ne pêche pas par une totale cécité. À propos du discours de Ben Ali, dans lequel le dictateur président annonce qu'il ne

---
1. Entretien avec l'auteur, le 29 avril 2015.
2. Daté du 13 janvier.
3. *Le Monde*, 27 janvier 2011, notamment.

sera représentera pas, Pierre Ménat écrit que cette allocution « peut lui permettre de reprendre la main ». Mais il ajoute : « Si tel n'est pas le cas, sa fonction sera exposée[1]. » Une phrase qui manque dans les articles qui accablent l'ambassadeur.

Dans une tribune à *Libération*[2], un ancien diplomate respecté, lui-même en poste à Tunis au début des années 2000, Yves Aubin de La Messuzière, dénonce le lynchage de son successeur par les autorités politiques et affirme que « l'Élysée était informé des dérives du système Ben Ali » depuis longtemps, mais que « l'expertise du Quai, marginalisée depuis 2007, a été négligée ». C'est le « Sarkoboy », Boris Boillon, qui remplace Pierre Ménat à Tunis.

« Ils sont nuls, archinuls »

La manœuvre de diversion orchestrée par l'équipe de Michèle Alliot-Marie marche quelques jours. Mais la révolte des diplomates prend de l'ampleur. Le 15 février, c'est le secrétaire général du Quai sous Bernard Kouchner, Gérard Errera, qui signe une tribune assassine dans *Le Monde*[3], intitulée « Les diplomates ne sont pas des incapables ». Il veut mettre fin à « la campagne lancée contre les diplomates du Quai d'Orsay ». « Déjà qu'ils passaient leur temps à se prélasser dans les palais de la République aux quatre coins

---

1. Voir Pierre Ménat, *Un ambassadeur dans la révolution tunisienne*, L'Harmattan, 2015.
2. *Libération*, 26 janvier 2011.
3. *Le Monde*, 15 février 2011.

du monde, ironise-t-il, qu'ils étaient tout juste bons à offrir un peu de champagne au 14-Juillet (et encore, de moins en moins avec les restrictions budgétaires), et qu'ils étaient court-circuités par les relations directes entre chefs d'État ; voilà maintenant qu'ils ont été incapables de prévoir la chute de Zine el-Abidine Ben Ali et d'Hosni Moubarak. On vous le dit : ils sont nuls, archinuls, ces diplomates du Quai d'Orsay. » Pourtant, ajoute-t-il, « personne ne prévoit jamais rien, ni l'effondrement soudain de l'Union soviétique, ni la révolution iranienne de 1979, ni l'invasion du Koweït par Saddam Hussein en 1990, ni la crise financière de 2008, ni la chute de Ben Ali et de Moubarak ». Et « dans ce monde, où notre vie quotidienne dépend de plus en plus du monde extérieur et où tout est lié, de près ou de loin, à l'international, le rôle des diplomates est plus important que jamais et leur responsabilité plus grande encore ».

L'opinion commence à se retourner. Du coup, lorsque *Le Canard*[1] révèle que la ministre a passé ses vacances de Noël en Tunisie avec un proche de Ben Ali, et que ses parents étaient du voyage pour affaires, Nicolas Sarkozy décide de la lâcher, afin de ne pas sombrer lui-même. Le dimanche 27 février, Alliot-Marie lui remet une lettre de démission qu'il s'empresse d'accepter, une missive dans laquelle elle dénonce une campagne de « suspicion, de contrevérités et d'amalgames ». Mais personne ne l'écoute. Tous les yeux sont déjà tournés vers Alain Juppé qui, par une ironie de l'histoire, se retrouve en position du sauveur de la droite – et du Quai d'Orsay.

---

1. *Le Canard enchaîné*, 2 et 16 février 2011.

Juppé, « statue du commandeur »

De fait, le « meilleur d'entre nous » arrive en terrain conquis. Il a déjà dirigé la maison, de 1993 à 1995, où, après l'avoir modernisée et réorganisée de fond en comble, il a laissé d'excellents souvenirs. Juppé était notamment le patron de Jean-David Levitte, qui était alors directeur général des relations culturelles du Quai. « Pour les diplomates, c'est la statue du commandeur[1] », avoue aujourd'hui Bernard Kouchner, un peu jaloux. À son arrivée, le nouveau ministre s'entoure d'un cabinet de professionnels, dont le directeur, Jérôme Bonnafont[2], est un ancien porte-parole de Jacques Chirac à l'Élysée.

Alain Juppé est chargé de mettre en musique le virage à cent quatre-vingts degrés de la politique arabe de la France, annoncé par Nicolas Sarkozy lors d'une intervention télévisée, le 27 février 2011. Dans un discours à l'Institut du monde arabe, le 16 avril, le chef de la diplomatie en dessine les contours, plus respectueux des aspirations des peuples, plus ouvert au dialogue avec les islamistes modérés[3].

Mais, comme ces prédécesseurs, il est très vite courtcircuité par l'Élysée. « C'est en déplacement à Bruxelles, […] que le nouveau ministre apprend la reconnaissance par la France des rebelles libyens du CNT (Conseil national de transition), écrit le journaliste Gilles Delafon. Il n'a

---
1. Entretien avec l'auteur, le 13 septembre 2015.
2. Voir le chapitre « Gay d'Orsay », p. 174-175.
3. Voir le chapitre « Après *Charlie* », p.281.

pas été prévenu et voit Bernard-Henri Lévy faire le service après-vente présidentiel sur les chaînes d'informations permanentes[1]. » Après une violente explication avec Jean-David Levitte, Alain Juppé avale la couleuvre et s'engage dans une bataille historique à New York. Avec le représentant français à l'ONU, Gérard Araud – le même qui accompagnait Douste-Blazy au Yad Vashem, six ans plus tôt –, il obtient le vote d'une résolution du Conseil de sécurité, la 1973, autorisant une intervention militaire en Libye contre Kadhafi. À l'époque, cela apparaît comme une grande victoire de la diplomatie française, la première depuis des lustres. Si bien que, après six ans de bourdes et d'âneries – et même si, oubliant très vite sa tribune avec Hubert Védrine, Alain Juppé accepte une nouvelle baisse des effectifs de la maison –, le Quai retrouve enfin un peu de paix et de sérénité.

---

1. Gilles Delafon, *Le Règne du mépris. Nicolas Sarkozy et les diplomates. 2007-2011*, Éditions du Toucan, 2012.

4

14-Juillet à Damas

Rédigé quand Bernard Kouchner était ministre, ce télégramme diplomatique[1] – rendu public ici pour la première fois – est sans doute le plus controversé de l'histoire récente du Quai d'Orsay. L'un des plus symboliques de ses errements, aussi. Six ans après sa rédaction, certains hauts diplomates en conservent toujours précieusement une copie dans leur coffre.

Il est rédigé à Damas, le 17 juillet 2010. Adressé aux plus hautes autorités de l'État, dont le président Nicolas Sarkozy, il est intitulé « 14-Juillet mémorable en Syrie ». Dans ce texte classé « confidentiel », l'ambassadeur Éric Chevallier, qui occupe là son premier poste diplomatique, relate les cérémonies de la fête nationale qu'il a organisées à Damas et grâce auxquelles, selon lui, « la France a frappé un (très) grand coup » au pays de Bachar al-Assad. Un télégramme qui ferait éclater de rire s'il n'inspirait tant de honte.

Pour en apprécier toute l'amère saveur, il faut se souvenir que, quelques jours auparavant, l'ONU a dénoncé « l'usage routinier de la torture » dans les

---

1. Référence : TD Diplomatie 22474.

59

geôles syriennes. Que le lendemain de cette si brillante fête, l'organisation Human Rights Watch publiera les noms d'une centaine de militants des droits de l'homme disparus dans ces mêmes cachots. Et que, six mois après cette touchante célébration de la prise de la Bastille au centre de Damas, la révolte contre le régime Assad commencera presque au même endroit – suivie de son atroce répression, qui fera plus de 200 000 victimes.

Un bébé « Kouchner »

On goûtera encore mieux cette lecture si on a en tête le cursus de son auteur. Médecin de formation, Éric Chevallier est un bébé Kouchner, un « french doctor » au grand cœur. Un audacieux militant de l'action humanitaire. Son parcours caritatif est impressionnant. Il a soigné en prison. Il a participé à la création d'ONUSIDA. Il a été directeur au sein de Médecins du monde. À partir des années 1990, il a suivi son ami et mentor, le flamboyant Kouchner, de vingt ans son aîné, dans toutes ses aventures ministérielles.

Au Quai d'Orsay, il a été le porte-parole, le décrypteur officiel, du très confus ministre Bernard K. Autrement dit, avec un tel CV, Éric Chevallier – qui, comme on l'a vu, a été intégré au corps des ministres plénipotentiaires dans des conditions jugées controversées par certains[1] – aurait pu apporter un peu d'air pur, désintéressé, à cette diplomatie française si souvent mercantile. Certes, il a été envoyé à Damas par Nicolas

---

1. Voir le chapitre précédent, « Les Mickey d'Orsay », p. 48-50.

Sarkozy et Claude Guéant, ceux-là mêmes qui, deux ans auparavant, ont reçu le dictateur syrien en grandes pompes à Paris pour le 14-Juillet en 2008. Mais on pouvait espérer que lui, Éric Chevallier, ne pactiserait pas avec le diable, surtout celui-là.

Las... Dès son installation à Damas, en septembre 2009, il jette sa blouse de « french doctor » aux orties et endosse le costume d'ambassadeur sans retouche. Pour se faire apprécier de l'Élysée, il instaure d'emblée une intimité avec les gros bonnets du régime... et s'en vante dans des télégrammes si longs et alambiqués que certains, à Paris, les qualifient de « draps de lit »[1]. Dans celui du 14 juillet 2010 – auquel les journalistes Christian Chesnot et Georges Malbrunot n'ont, semble-t-il, pas eu accès, mais qui, selon eux, a « fait glousser[2] » les hauts diplomates qui l'ont lu –, cette promiscuité n'apparaît que petit à petit.

Au début, le ton est bon enfant, presque nunuche : « Au pied des murailles entourant la vieille ville, à moins de cent mètres de la mosquée des Omeyyades et à proximité des souks, écrit Éric Chevallier, nous sommes parvenus à recréer l'ambiance festive des kermesses du 14-Juillet français. » Comment ? « Au milieu de trente-deux stands proposant (gratuitement) barbes-à-papa, crêpes, boissons et friandises, poursuit le généreux diplomate, le public pouvait croiser des

---

1. Voir Christian Chesnot et Georges Malbrunot, *Les Chemins de Damas. Le dossier noir de la relation franco-syrienne*, Robert Laffont, 2014, p. 223.
2. *Ibid.*, p. 226.

clowns, des magiciens et autres funambules perchés sur des échasses ou encore profiter de la fanfare. Un jardin d'enfants avait été spécialement aménagé pour rendre l'événement réellement familial. »

L'infatigable Chevallier a pensé à tout. « Sur la vaste scène, précise son "drap de lit" dans un style haletant, des tournoiements de derviches soufis puis un quizz de connaissance portant sur la France ont cédé la place aux "classiques" de la chanson française (ceux qu'on écoute ici : Charles Aznavour, Claude François, Dalida mais aussi Cheb Khaled et Zebda), interprétés par un orchestre syrien, avant qu'un DJ ne continue à faire danser l'audience nombreuse et joyeuse. » Bref, à l'en croire, une grande réussite.

Comment l'a-t-il obtenue ? « On peut voir dans cette fête un signe de la qualité de la relation bilatérale et la confiance que les autorités de ce pays veulent bien nous accorder, se gargarise Éric Chevallier. Réticentes en général [doux euphémisme...] à laisser les foules se rassembler en plein Damas (le centre politique du pays), celles-ci n'ont jamais cherché – bien au contraire – à entraver l'organisation de cette manifestation. » Pourquoi tant de mansuétude ?

Le coup de main de Tlass

L'explication est simple comme un carnet de chèques : l'opération a été « organisée avec le soutien – et même largement l'initiative – d'un important homme d'affaires proche du régime, [...] francophone et francophile ». Qui est ce généreux mécène, qui a prêté main-forte à notre vaillant « french doctor » ? « Le fils de l'ancien ministre de la Défense de Hafez al-Assad [le père de Bachar], partenaire de Lafarge dans la cimenterie ouverte cette année dans la région d'Alep. » L'homme s'appelle Firas Tlass, il est le deuxième homme plus riche du pays et un ami d'enfance de Bachar. C'est ce tycoon, pilier du régime, « qui, écrit Éric Chevallier, a pris en charge l'intégralité des coûts importants de l'opération ». On comprend mieux.

La suite du télégramme devient de plus en plus explicite sur l'indécence de la relation entre l'ambassadeur et le pouvoir syrien. Éric Chevallier adore faire ami-ami avec les dignitaires du régime et l'affiche. La veille des cérémonies « populaires » dans la vieille ville, il a reçu les VIP du pays dans sa résidence, dite « du Djisser », l'une des plus belles villas damascènes. C'était sa première garden-party. Il a des émois de néophyte. « Comme me l'avait annoncé Walid al-Mouallem [ministre syrien des Affaires étrangères] lors de notre dernier entretien, écrit-il, ce ne sont pas moins de trois ministres de plein exercice que les autorités ont "délégués" à la résidence, "comme elles le font pour les pays arabes amis". » Et notre ambassadeur, gonflé d'orgueil, précise : « En comparaison, seul un vice-ministre – l'équivalent d'un directeur général – assistait à la réception donnée dix jours plus tôt par les Américains. »

Et puis, cerise sur les mezze, il n'y avait pas que des ministres de « plein exercice ». Des tortionnaires aussi sont venus à la résidence de France et non des moindres : « Le chef d'état-major adjoint – soit un niveau de représentation militaire inédit ces dernières années – et le représentant des renseignements généraux d'Ali Mamlouk avec lequel j'ai eu un aparté. » Quel dommage, semble écrire notre ambassadeur, que ce cher Ali Mamlouk n'ait pas pu venir en personne, lui qui est le bras droit de Bachar pour la sécurité, l'homme des basses œuvres et de la répression. Mais, bon, rassembler tout ce beau monde, c'est déjà bien.

« Force est de constater que [cette réception] nous vaut, outre ceux de nos compatriotes (sensibles à ma volonté de rappeler que la résidence de France est la leur), les éloges de nos divers interlocuteurs, et l'intérêt un peu envieux de mes collègues, tel mon homologue britannique », commente Éric Chevallier. Il faut dire que « tous mes invités ont été sensibles à la "surprise" que je leur avais réservée : ils ont pu entendre, époustouflés, l'interprétation d'Édith Piaf proposée par une jeune prodige syrienne de quatorze ans [issue] du lycée français », ajoute-t-il, emporté par l'émotion.

Les exigences des mécènes syriens

Et les opposants dans tout cela ? Ils étaient là bien sûr. Enfin quelques-uns. « Conformément à la vocation qui doit être celle du 14-Juillet, écrit l'ambassadeur comme pour se justifier, [les] officiels pouvaient côtoyer, dans les jardins de la résidence, Aref Dalila, l'ancien doyen des détenus du printemps de Damas [celui de l'an 2000], ou encore l'épouse de Riad Seif [homme d'affaires devenu dissident, emprisonné en 2008], ainsi qu'un certain nombre de militants des droits de l'homme et de l'opposition démocratique. »

Malheureusement ces derniers « ne répondent pas toujours » à l'invitation, « pouvant en être dissuadés mais parfois déçus du manque de résultats de nos démarches » – on suppose qu'il fait allusion aux demandes concernant la libération de prisonniers politiques. Une bouderie qui s'explique sans doute par autre chose : ces militants ne se sentent pas les bienvenus dans ces réceptions organisées avant tout pour – et par – des huiles du régime.

« Je tiens à souligner, ajoute Éric Chevallier, que ce surcroît incontestable et nécessaire de visibilité de la France en Syrie a pu être obtenu grâce à un recours plus systématique au mécénat privé. Cette année, la réception donnée à la résidence a ainsi bénéficié du soutien très généreux de l'agent local de Chaumet [le fabricant de bijoux]. » Qu'a-t-il obtenu en échange ? La réponse, alambiquée, vaut le détour. « Au prix – jugé par tous acceptable – d'une mention au verso du carton d'invitation et de la présence dans les jardins de trois vitrines d'exposition et d'un panneau à l'enseigne du prestigieux joaillier français, ce soutien a permis de couvrir une bonne partie (plus des deux tiers) des frais de la réception. Ce partenaire (qui est aussi le représentant de Chanel et de Cartier) avait simplement demandé en contrepartie de son aide, à ne pas voir ce soir-là sa marque associée à d'autres, synonymes de produits plus "communs". » En clair, c'est le principal importateur des produits de luxe à Damas, fournisseur exclusif des maîtres du pays, qui a financé la réception du 14-Juillet dans la résidence de France, en 2010. Un pince-fesses auquel malheureusement peu de dissidents ont daigné assister, on se demande bien pourquoi.

La mémorable réception s'achève dans le ridicule. « À la fin de la soirée, racontent Christian Chesnot et Georges Malbrunot, Éric Chevallier toujours aussi imprévisible et cabotin n'hésita pas à plonger tout habillé dans la piscine de la résidence à la surprise des derniers invités encore présents[1] ! »

« Des balles en caoutchouc ! »…

La brève carrière diplomatique d'Éric Chevallier aurait pu s'arrêter six mois plus tard, dès le déclenchement des révoltes en Syrie. Non seulement il n'a pas vu venir le tremblement de terre – pas plus que son homologue en Tunisie, Pierre Ménat, qui, lui, a été mis au placard[2] –, mais, pendant de longues semaines après le déclenchement de la répression, il colporte la propagande du régime Assad. Début avril 2011, alors qu'il y a déjà eu plusieurs morts, l'ex-« french doctor » tance violemment la rédaction en chef de France 24. « Il hurlait, il nous accusait de dire n'importe quoi sur la répression, raconte un journaliste de la chaîne. Il affirmait que l'armée syrienne tirait en l'air[3]. »

Quelques jours plus tard, le 16 avril 2011, Éric Chevallier participe à une réunion, organisée à l'Institut du

---
1. *Ibid.*
2. Voir le chapitre « Les Mickey d'Orsay », p. 55.
3. *Le Nouvel Observateur*, 18 mai 2011. Dans le même article, Éric Chevallier disait : « Cette campagne est dégueulasse. Je suis le seul étranger à avoir été reçu par le grand opposant Riad Seif dès sa sortie de prison, le 15 mai. Pensez-vous que, s'il doutait de moi, il aurait accepté ? »

monde arabe à Paris par Alain Juppé qui vient de remplacer Michèle Alliot-Marie à la tête de la diplomatie française. C'est dans ce lieu hautement symbolique que le ministre entend présenter la nouvelle politique arabe de la France, après les soulèvements populaires contre Ben Ali et Moubarak. Il annonce que Paris va accompagner les transitions vers la démocratie et ne plus soutenir aveuglément les dictatures. Tout le monde semble comprendre le message. Sauf Chevallier qui, lui, continue de croire à la propagande du régime Assad.

Alors qu'à Damas le pouvoir a décrété l'état d'urgence, l'ambassadeur, naïf ou manipulateur, se dit convaincu qu'il n'y aura pas de bain de sang. « J'ai reçu l'assurance, confie-t-il en aparté, que les forces de l'ordre syriennes ne tireront que des balles en caoutchouc[1] ! » Et, si l'on ne veut pas essuyer sa colère, on est prié de le croire. Trois jours plus tard, ce sera le massacre de Deraa et le début de la terrible répression.

Durant l'été 2011, Alain Juppé envisage de rappeler Éric Chevallier, dont les télégrammes en révulsent plus d'un au Quai d'Orsay. Notamment lorsqu'il maintient – à juste titre, cette fois, mais contre la nouvelle ligne officielle – que le régime Assad, plus solide qu'on ne le croit, ne va pas tomber. Mais, comme beaucoup de diplomates se plaignent dans la presse du sort réservé à l'ambassadeur de France en Tunisie, stigmatisé à cause de ses dépêches, et des attaques contre leur profession en général[2], le ministre tergiverse.

---

1. Entretien avec l'auteur, le 16 avril 2011.
2. Voir le chapitre « Sarkozy, Hollande et eux », p. 71.

Du coup, l'énergique Chevallier a le temps de reprendre ses esprits et de s'adapter à la nouvelle donne. Il fait une volte-face spectaculaire. Alors qu'un an auparavant il se vantait de recevoir avec faste les huiles du régime Assad, en juillet 2011, il se rend – geste courageux – à Hama, fief des Frères musulmans et épicentre de la révolte, en signe de soutien. En septembre, il va à Deraya présenter ses condoléances à la famille de Ghiyath Matar, mort sous la torture. Quelques jours plus tard, il est attaqué à coups de pierre par les nervis du régime. Sa vie est menacée. En mars 2012, Sarkozy ordonne la fermeture de l'ambassade. Éric Chevallier rentre à Paris en héros. Un mois plus tard, il est fait chevalier de la Légion d'honneur, lors de la dernière promotion du quinquennat Sarkozy.

Le nouveau chef de la diplomatie, Laurent Fabius, le garde comme ambassadeur pour la Syrie, en poste en France. Pourquoi tant de sollicitude à l'égard d'un ancien émissaire de Claude Guéant et Nicolas Sarkozy, de la part d'un ministre qui a coupé beaucoup de têtes à son arrivée au Quai d'Orsay ? Les mauvaises langues y voient l'œuvre de l'épouse d'Éric Chevallier. Jusqu'en mai 2012, elle était la chef de cabinet de la patronne du Parti socialiste, Martine Aubry. La maire de Lille, qui a géré le PS grâce au soutien du courant Fabius, a-t-elle glissé un mot à son ancien allié en faveur du mari de sa plus proche collaboratrice ? Ce ne serait pas contraire aux mœurs de la rue de Solférino… D'autres louent son courage et le travail qu'il a réalisé dans l'ombre au profit de certains opposants au régime.

Quoi qu'il en soit, comble de l'ironie, pendant les deux ans qui suivent, Éric Chevallier est l'interlocuteur français de l'opposition modérée, qu'il défend avec la même énergie qu'il mettait précédemment à nouer des liens avec le pouvoir syrien. Dans ce nouveau job, il gagne la confiance du principal financier de la Coalition nationale de l'opposition syrienne, le Qatar, où, en juillet 2014, François Hollande l'envoie comme ambassadeur. Au désespoir, faut-il le préciser, d'une bonne partie des diplomates français.

5

Sarkozy, Hollande et eux

Avec l'un c'était la guerre ; avec l'autre, l'indifférence. On le sait, Nicolas Sarkozy déteste ouvertement les diplomates[1]. François Hollande, lui, s'en désintéresse, sauf quand ils sont des amis, personnels ou politiques.

Ce dédain taraude Nicolas Sarkozy avant même son arrivée à l'Élysée. Est-ce parce que son ennemi intime, Dominique de Villepin, est l'incarnation même du diplomate français, bel homme, aristocrate et énarque ? En partie, probablement. « J'ai un mépris profond pour tous ces types, ce sont des lâches. Quand on est lâche, on ne réfléchit pas[2] », confie-t-il, pendant la campagne électorale de 2007, à l'écrivain Yasmina Reza. Il les juge incompétents. À propos de son premier voyage en Syrie en 1999, il écrit : « En une semaine, j'en savais plus sur [le pays] que l'ambassadeur de France à Damas[3]. » Certains diplomates sont l'objet d'une vindicte

---

1. Le journaliste Gilles Delafon a même écrit un livre à ce sujet, intitulé *Le Règne du mépris*, *op. cit.*
2. Yasmina Reza, *L'Aube le soir ou la nuit*, Flammarion, 2007.
3. Nicolas Sarkozy, *Libre*, Robert Laffont, 2001.

particulière : « L'ambassadeur de France en Russie est un couillon, l'ambassadeur de France à Beyrouth un fameux crétin[1] », assure-t-il. Et il va jusqu'à menacer le ministère des Affaires étrangères dans son ensemble : « Il devient important de se débarrasser du Quai d'Orsay… »

Il n'est pas le premier chef d'État à dénigrer ce corps si particulier. « À l'exception du général de Gaulle, qui avait une haute idée de l'État et de ses serviteurs, tous les présidents de la Ve République ont traité leurs diplomates par-dessus la jambe, écrit Gérard Errera, secrétaire général du Quai au début du mandat de Sarkozy. Georges Pompidou se moquait d'eux en parlant d'adeptes de la tasse de thé et du petit gâteau ; Valéry Giscard d'Estaing ou François Mitterrand les considéraient comme des majordomes, et Jacques Chirac comme des poules mouillées. Curieuse attitude qui consiste à discréditer ceux-là mêmes qui vous représentent[2]. » Mais la hargne du sixième président de la Ve République est sans égale.

Pendant son quinquennat, il ne cesse de rudoyer le Quai d'Orsay. Il fait rogner son budget et ses effectifs. Il le court-circuite par différents émissaires plus ou moins secrets, comme Claude Guéant ou Bernard-Henri Lévy. Et il nomme plusieurs non-diplomates ambassadeurs. Certains feront bien le job, comme l'écrivain-journaliste Daniel Rondeau à Malte et le romancier Jean-Christophe Rufin au Sénégal, contrairement au journaliste

---

1. *L'Aube le soir ou la nuit, op. cit.*
2. « Les diplomates ne sont pas des incapables », *op. cit.*

Roger Auque[1] en Érythrée : « Sarkozy avait accepté de le nommer au Brésil. Kouchner et moi avons résisté, confie Jean-David Levitte, le conseiller diplomatique du président de 2007 à 2012. Finalement, son passage à Asmara a été un fiasco. Il a eu une inspection désastreuse[2]. »

De l'Élysée, Nicolas Sarkozy poursuit quelques diplomates d'une vendetta toute personnelle. En particulier, Philippe Faure, un ami intime de Dominique de Villepin, plusieurs fois ambassadeur, qui a délaissé le Quai pendant quelques années pour faire fortune dans l'assurance. Cet énarque de la promotion Guernica (1976), longtemps conseiller de presse à l'ambassade de France à Washington dans les années 1980, est le fils d'un compagnon de François Mitterrand, cosignataire du traité de Rome, le radical Maurice Faure. « Avec Sarkozy, mes ennuis ont commencé en 2005, quand j'étais ambassadeur au Maroc, raconte aujourd'hui Philippe Faure, devant un Campari-Perrier. À l'époque, il se présentait à la présidence de l'UMP. Il m'a envoyé l'un de ses conseillers, David Martinon, ainsi que Rachida Dati pour me demander l'usage de ma résidence à Rabat. Il voulait y organiser un meeting. C'était à quelques jours du scrutin. J'ai dit non. Il m'a appelé pour m'insulter : "Je m'en souviendrai", a-t-il hurlé[3]. »

Et, de fait, peu après son arrivée à l'Élysée, alors que Philippe Faure est secrétaire général du Quai, il tient

---
1. Décédé le 8 septembre 2014, il a révélé dans son livre *Au service secret de la République* (Fayard, 2015) avoir aussi travaillé pour la DGSE et le Mossad israélien.
2. Entretien avec l'auteur, le 7 mai 2015.
3. Entretien avec l'auteur, le 20 juillet 2015.

promesse. « Sarkozy m'a ordonné de le virer sur-le-champ, ce que j'ai fait, avoue Bernard Kouchner, sans détour. Je l'ai envoyé au Japon[1]. » Et le rancunier président refusera toujours d'élever Philippe Faure à la dignité d'ambassadeur de France, comme c'est l'usage pour les anciens secrétaires généraux. « Le fait que je sois un vieil ami de Dominique de Villepin n'a pas joué en ma faveur », ironise le diplomate qui a rencontré « DDV » à sa sortie de l'ENA à la fin des années 1970 – « C'est moi qui l'ai orienté vers la diplomatie », assure-t-il.

Dès son installation au Quai d'Orsay, Laurent Fabius lavera l'affront. Il faut dire que Philippe Faure, homme de réseau qui a été un temps président du guide gastronomique *Gault et Millau*, connaît la terre entière, et, en particulier, un ami intime du nouveau ministre, l'homme d'affaires Serge Weinberg, avec lequel il a fait l'ENA. Le 1er août 2012, Laurent Fabius élève donc Philippe Faure à la dignité d'ambassadeur de France. Puis il le nomme envoyé spécial pour le Mexique. Deux ans plus tard, il le promeut, en grandes pompes, commandeur de la Légion d'honneur, dans les salons du Quai d'Orsay en présence du gratin de la maison, devant, aux premières loges, l'ami Villepin. Enfin, en novembre 2015, il nomme ce Toulousain de soixante-cinq ans, qui a été l'inspirateur de la campagne de Laurent Fabius pour la gastronomie française, président d'Atout France, l'agence gouvernementale de promotion touristique de l'Hexagone. L'affront est bien lavé…

---

1. Entretien avec l'auteur, le 13 septembre 2015.

Un autre diplomate réputé subit les foudres de Nicolas Sarkozy : le très chiraquien Jean-François Girault. En février 2009, cet ancien conseiller diplomatique de Jacques Chirac à la mairie de Paris représente la France à Bagdad, quand le chef de l'État effectue sa première visite en Irak. Nicolas Sarkozy juge que l'énarque, un peu hautain – mais l'un des rares courageux à vivre en dehors de la « zone verte » ultrasécurisée –, l'a reçu sans assez d'égards. Et décide de le remplacer immédiatement par le « Sarkoboy » arabophone, Boris Boillon.

« Jean-David Levitte, qui trouvait Boris trop jeune, était contre cette nomination, raconte Bernard Kouchner. Mais comme j'avais travaillé avec lui en Colombie, j'ai dit oui. En revanche, j'ai eu toutes les peines du monde à dénicher une nouvelle ambassade à l'excellent Girault. Sarkozy refusait de le recaser, même au Vietnam. Alors, comme je ne voulais pas du baroudeur Roger Auque en Érythrée, j'ai passé un marché avec Sarkozy : on nomme Auque, mais en contrepartie on trouve un poste à Girault[1]. » Et c'est ainsi que le grand spécialiste du Moyen-Orient se retrouve à… Hanoï.

Une nouvelle fois, Laurent Fabius rendra justice au réprouvé et le nommera patron de la direction Afrique du Nord-Moyen-Orient dès le mois de juin 2012. Quelques mois plus tard, le 31 juillet 2013, Boris Boillon – qui s'était mis en disponibilité du Quai après l'élection de François Hollande pour créer Spartago,

---

1. *Ibid.*

une société de conseil – est, lui, arrêté à la gare du Nord[1]. Il s'apprête à monter dans un Thalys à destination de Bruxelles avec 350 000 euros et 40 000 dollars en liquide – des sommes bien supérieures au maximum non déclarable en cas de franchissement de frontière. Il assure aux douaniers, sans convaincre, qu'il s'agit de la mise de fonds initiale pour une filiale de Spartago en Belgique. À ce jour, l'enquête continue.

Enfin, il y a le cas déjà évoqué de Jean-Maurice Ripert, ancien conseiller diplomatique de Lionel Jospin. Jean-David Levitte s'est opposé à ce qu'il dirige le cabinet de Bernard Kouchner. Nicolas Sarkozy a néanmoins accepté de le nommer à New York représentant de la France aux Nations unies, où le père du diplomate avait été secrétaire général adjoint à la fin des années 1970. Mais le président s'empresse de le renvoyer au motif que Jean-Maurice Ripert ne l'a pas accueilli à sa descente d'avion à l'aéroport Kennedy, le 20 septembre 2008. « C'était cavalier, raconte Bernard Kouchner. Mais Sarkozy a pris ce prétexte pour le virer, ce qu'il voulait faire depuis le début. Je lui ai proposé l'Afrique du Sud, mais Jean-Maurice n'a pas voulu. » Le diplomate patientera en Turquie, comme représentant de l'Union européenne, avant que son camarade de la promotion Voltaire à l'ENA, François Hollande, ne lui confie une nouvelle ambassade prestigieuse. Ce sera Moscou, en octobre 2013. Son ex-femme, Claudine Ripert-Landler, travaille, elle, à l'Élysée en tant que conseillère en communication, chargée des affaires internationales.

---

1. Mediapart, 30 août 2013.

Rébellions en série

Méprisés, maltraités par Sarkozy, les diplomates se révoltent publiquement au moment de l'affaire tunisienne, quand le pouvoir politique les désigne comme boucs émissaires. Une action inquiète particulièrement l'Élysée. Le 22 février 2011, un collectif de diplomates, à la retraite ou en activité, publie dans *Le Monde* un texte qui s'en prend non pas à la ministre, Michèle Alliot-Marie, mais directement au président. Il se baptise le « groupe Marly » du nom du café situé dans l'enceinte du Louvre où ils se sont réunis. Les instigateurs de la tribune sont anonymes, mais il n'est pas difficile pour le pouvoir de les identifier. Il y a des hommes de gauche, tel Yves Aubin de La Messuzière. Mais aussi des chiraquiens, tel Michel de Bonnecorse, le Monsieur Afrique à l'Élysée de 2002 à 2007. « C'est même lui qui a eu l'idée[1] », révèle aujourd'hui Yves Aubin de La Messuzière.

La tribune est titrée « La voix de la France a disparu ». C'est une attaque virulente contre la politique étrangère menée depuis 2007. Celle-ci, écrivent les Marly, « est placée sous le signe de l'improvisation et d'impulsions successives », elle souffre d'« amateurisme » et de « manque de cohérence ». Ils ajoutent : « Notre suivisme à l'égard des États-Unis déroute beaucoup de nos partenaires. » Pour conclure : la « perte d'influence [de la France] n'est pas imputable aux

---
1. Entretien avec l'auteur, le 13 mai 2015.

diplomates mais aux options choisies par les politiques ». Autrement dit, par Nicolas Sarkozy.

L'Élysée lance la contre-attaque. L'artificier est l'ambassadeur de France en Géorgie, Éric Fournier, qui a admiré l'attitude de Nicolas Sarkozy face à Vladimir Poutine, quand l'armée russe menaçait, en août 2008, de prendre Tbilissi. Il se propose de rédiger une tribune sous un pseudonyme collectif pour répliquer aux Marly. Il nomme son groupe « le Rostand », qui est aussi un café, cette fois en face du jardin du Luxembourg. Jean-David Levitte lui donne carte blanche, mais relit le texte avant parution.

Du Caucase, Éric Fournier écrit à la cosaque contre les diplomates rebelles – d'après lui, une « petite camarilla de frustrés[1] » qui travaille en sous-main pour le Parti socialiste. « Qui sont-ils ? tonne-t-il dans *Le Figaro*[2]. Les héritiers d'une caste endogame qui pense que le pouvoir politique doit s'aligner sur les notes de fonctionnaires infaillibles. [...] Et bien sûr, les chevau-légers de la rue de Solférino, dont les objectifs ont peu à voir avec la diplomatie française, et tout avec des manœuvres de couloirs. Car nul ne doute que ces anonymes d'aujourd'hui sauront demain revendiquer la paternité de la charge, si les urnes devaient en 2012 conduire à l'alternance qu'ils préparent déjà au lieu de travailler. » Franche camaraderie entre diplomates...

Après les Marly, c'est au tour de la CFDT d'entrer en campagne contre Nicolas Sarkozy – une manière de

---

1. Tribune dans *Le Figaro* du 24 février 2011.
2. *Ibid.*

soutenir le futur candidat de gauche à l'élection présidentielle de 2012. À partir de juin 2011, elle mène une guérilla contre les promotions litigieuses de diplomates proches du président. Elle en fait échouer quatre : Yves Marek à Monaco, Damien Loras au Brésil, puis en Thaïlande, et Bertrand Lortholary en Indonésie. Dans chacun de ses recours, le syndicat s'appuie, ironie de l'histoire, sur un décret de mai 2009 signé par Bernard Kouchner et François Fillon. Un texte qui, en théorie, élargit les voies d'accès à la fonction d'ambassadeur en vue de rajeunir le corps. D'après ce décret, que certains anciens qualifient de « scélérat », tous les « conseillers des affaires étrangères » et plus seulement les plus âgés, les « hors classe », sont désormais éligibles. À condition de remplir certains critères d'ancienneté, d'expatriation et d'encadrement. Or ni Marek, ni Loras, ni Lortholary ne cochent les trois cases. Le Conseil d'État retoque leurs nominations.

Dans le cas de Bertrand Lortholary, quarante et un ans à l'époque, l'invalidation est injuste. Non seulement il est rappelé, alors qu'il était déjà en poste depuis six mois avec femme et enfants, mais cet énarque est aussi conseiller « hors classe » si bien que, sans ce texte censé rajeunir la fonction, il pourrait sans encombre devenir ambassadeur. L'équipe de François Hollande lui trouvera un beau lot de consolation : en septembre 2012, il sera envoyé à New York comme consul général – fonction plus importante que nombre de postes d'ambassadeur mais qui n'entre pas dans le champ de ce décret décidément très mal ficelé.

La conjuration des socialistes

Les diplomates de gauche n'entrent pas en campagne aussi bruyamment que la CFDT. En 1981, la petite section socialiste du Quai avait appelé à voter pour François Mitterrand. Rien de tel en 2012. Pourtant, depuis le passage de Bernard Kouchner, la haute hiérarchie du Quai est massivement favorable au Parti socialiste. « J'ai calculé qu'à la fin du mandat de Sarkozy treize des quatorze directeurs du ministère étaient de gauche[1] », affirme Jean-David Levitte. Il n'exagère pas – ou peu.

Avoir le cœur à gauche et se réunir entre soi ne pose pas de problème. Depuis des années, certains se retrouvent régulièrement à la brasserie Thoumieux, près du Quai d'Orsay. D'autres font partie du groupe créé par Hubert Védrine avant l'élection présidentielle de 2007, et qui, après la défaite de Ségolène Royal, continue de dîner ensemble à la fondation Jean-Jaurès pour débattre d'un thème de politique étrangère.

Il y a là des actifs tels l'arabisant Jean Félix-Paganon ou l'ex-conseiller de Lionel Jospin Denis Delbourg, et de grands aînés comme les conseillers diplomatiques de François Mitterrand Jean Musitelli et Loïk Hennekinne, ou l'ancien secrétaire général François Scheer. « C'est grâce à ce genre d'initiative que nous nous tenions chaud quand nous étions dans l'opposition », se souvient l'un d'eux, non sans nostalgie.

---

1. Entretien avec l'auteur, le 7 mai 2015.

Mais ces fonctionnaires sont très prudents. Par nature et par expérience. Militer contre le président en place, surtout quand il s'agit de Nicolas Sarkozy, c'est une autre paire de manches. Les diplomates savent ce qu'il en coûte d'être découverts : subir le même sort que Paul Jean-Ortiz, le directeur d'Asie au Quai d'Orsay. Ce fils d'un républicain espagnol, traducteur de chinois, fait partie des premiers diplomates ralliés à François Hollande. Il a été convaincu par le sous-directeur de la presse du ministère, Romain Nadal, qui aide discrètement l'ancien premier secrétaire du PS depuis plusieurs années. Le petit groupe comprend aussi le directeur général de l'administration, Stéphane Romatet.

À partir de janvier 2011, tous les trois voient régulièrement le candidat Hollande, qui semble alors n'avoir aucune chance face à un Dominique Strauss-Kahn. Ils se retrouvent rue Vivienne, au cabinet d'un camarade de la promotion Voltaire, Dominique Villemot, devenu avocat fiscaliste. Au début, ils peinent à élargir le cercle. Sollicité par Stéphane Romatet, Jacques Audibert, directeur politique du Quai à l'époque, refuse. Il attend de voir…

Pour Paul Jean-Ortiz, cette aventure présidentielle n'est a priori pas très importante. Ce sinologue de cinquante-six ans pense que sa nomination comme ambassadeur de France à Pékin – le rêve de sa vie – est imminente. Mais elle va échouer à cause de son engagement. « En janvier 2011, tout était décidé. Paul irait en Chine, Nicolas Sarkozy était d'accord, raconte Jean-David Levitte qui soutenait la candidature de "PJO".

Mais au dernier moment il y a eu un gros couac : la ministre des Affaires étrangères, Michèle Alliot-Marie, est allée voir le président et lui a dit que Paul conseillait François Hollande, que cette nomination était donc impossible. Je suis tombé des nues. J'ignorais ce côté militant de Paul. Comment l'avait-elle su ? Des bonnes âmes au Quai et ailleurs s'en étaient chargées[1]... » Du coup, Nicolas Sarkozy met son veto et c'est Sylvie Bermann qui ira à Pékin. Le décret de sa nomination est publié le 25 février 2011, deux jours avant le renvoi de MAM ! « POJ » se désespère.

Voilà pourquoi, en 2012, les nombreux diplomates de gauche vont rester longtemps sur la réserve, effrayés. Ce n'est qu'après la victoire lors de la primaire PS de François Hollande, en octobre 2011, que Jacques Audibert commence à participer, discrètement, à plusieurs réunions autour du candidat socialiste, notamment sur le dossier iranien dont il est le négociateur français. Afin d'éviter la mésaventure de son ami Paul, qui, resté à Paris, enchaîne notes et discours pour François Hollande, il informe le nouveau ministre, Alain Juppé, de ces contacts avec le challenger du président sortant. Le patron de la diplomatie française l'autorise à continuer. « C'était un acte républicain de sa part. Je ne sais pas s'il l'a dit à Nicolas Sarkozy[2] », raconte-t-il aujourd'hui.

---

1. Entretien avec l'auteur, le 7 mai 2015.
2. Entretien avec l'auteur, le 21 juillet 2015.

Aux bons soins de Hollande

Élu, François Hollande récompense ses compagnons des premiers jours. Paul Jean-Ortiz devient son conseiller diplomatique à l'Élysée avec, à ses côtés, Romain Nadal qui sera bientôt nommé porte-parole du Quai d'Orsay. Stéphane Romatet se retrouvera, lui, en 2014, conseiller diplomatique du Premier ministre Manuel Valls. Certains sont surpris que le nouveau président confie à « PJO » – qui n'a jamais été ambassadeur, mais seulement deuxième conseiller à Pékin puis à Madrid – une telle responsabilité. C'est une première. Beaucoup pariaient sur le secrétaire général du ministère, Pierre Sellal, ancien représentant de la France à Bruxelles. Mais François Hollande a confiance en cet homme atypique, fumeur invétéré, qui, lorsqu'il s'ennuie dans les réunions, écrit des idéogrammes sur des feuilles volantes.

Très vite, en décembre 2012, on lui découvre un cancer. Il restera à son poste plus d'un an. « Nous avons passé un pacte secret, Paul et moi, racontera François Hollande juste après sa mort lors d'une cérémonie en sa mémoire à la Maison de la Chine, le 4 août 2014. Jusqu'au bout, ne rien affecter, ne rien montrer. Et il a tenu [...]. Même dans les derniers jours, aucun communiqué ne partait sans son aval[1]. » C'est Jacques

---
1. Intervention de François Hollande, le 4 août 2014, lors de la cérémonie à la Maison de la Chine en mémoire de Paul Jean-Ortiz. Merci à sa veuve, Sarah Jean-Ortiz, d'avoir permis à l'auteur de visionner un enregistrement vidéo de ce discours, le 29 décembre 2015.

Audibert qui, petit à petit, le remplace, à partir d'avril 2014, alors qu'il devait être nommé représentant de la France aux Nations unies à New York, son rêve à lui. En été, cet énarque de cinquante-six ans, bon pilote de rallye, s'installe dans le grand bureau d'angle au premier étage du 2, rue de l'Élysée, celui du conseiller diplomatique du chef de l'État. À lui désormais de gérer la relation entre la présidence et le Quai d'Orsay.

Audibert adopte la routine de ses prédécesseurs. Tous les lundis, il déjeune alternativement à l'Élysée et au ministère des Affaires étrangères – où, de l'avis général, la cuisine est bien meilleure – avec le directeur de cabinet de Laurent Fabius, Alexandre Ziegler, et le conseiller diplomatique du Premier ministre, Stéphane Romatet. Au cours de ce gueuleton hebdomadaire, les trois hommes préparent les réunions de leurs patrons. Ils évoquent notamment les nominations importantes au Quai. « Laurent Fabius est très chatouilleux sur ces questions, révèle un conseiller à l'Élysée. Bien que les directeurs et les ambassadeurs soient nommés par le président de la République en Conseil des ministres, il voudrait avoir le dernier mot[1]. » Et la plupart du temps, il l'obtient. Du fait de son poids politique… et du désintérêt de François Hollande pour le sujet.

Le chef de l'État ne s'occupe que de quelques cas. Celui de Catherine Colonna, par exemple. Cette ancienne porte-parole de Jacques Chirac, formidable décrypteuse de la diplomatie française pendant la crise

---

1. Entretien avec l'auteur, le 29 novembre 2015.

irakienne de 2003, a été ministre aux Affaires européennes de 2005 à 2007. Malgré les promesses faites à son prédécesseur, Nicolas Sarkozy ne lui a jamais proposé de grande ambassade, seulement l'Unesco. Il faut dire que cette énarque d'origine modeste est proche des deux personnes qu'il exècre : Dominique de Villepin et Philippe Faure, qu'elle a tous les deux connus à l'ambassade de France à Washington dans les années 1980.

En 2010, elle est partie, dépitée, dans le privé, rejoindre un cabinet d'information financière, où elle s'ennuie ferme. Mais, deux ans plus tard, elle a eu la bonne idée de soutenir publiquement François Hollande contre Nicolas Sarkozy. Si bien que, quand il est élu, François Hollande la reçoit. Puis il s'enquiert régulièrement de son sort auprès de son conseiller diplomatique, auquel il demande de trouver un bon point de chute à cette administratrice de la fondation Chirac. Après bien des grognements de Laurent Fabius, ce sera, en août 2014, le sublime palais Farnese, l'ambassade de France à Rome.

Un autre chiraquien est l'objet de toute l'attention de François Hollande : Jérome Bonnafont, lui aussi porte-parole du président Chirac, juste après Catherine Colonna, en 2005. Cet énarque ouvertement gay[1] a été le directeur de cabinet d'Alain Juppé à la fin du quinquennat Sarkozy. En 2012, il semble acquis qu'il sera nommé ambassadeur à Tel-Aviv. Mais Laurent Fabius s'y oppose, lui préférant Patrick Maisonnave, jugé plus

---

1. Voir le chapitre « Gay d'Orsay », p. 174-175.

sûr. Alors il faut trouver une autre belle ambassade à Jérome Bonnafont, qui était « couché sur le testament » d'Alain Juppé, c'est-à-dire très recommandé par le ministre sortant. Ce sera Madrid, en remplacement de Bruno Delaye[1]. Puis, quand il souhaite rentrer à Paris pour des raisons personnelles, on lui confie, en juillet 2015, la direction de l'Afrique du Nord et du Moyen-Orient – bien qu'il n'ait jamais été en poste dans la région, ce qui, de mémoire d'arabisant, n'est jamais arrivé.

Une troisième personnalité a bénéficié des faveurs du président : Azouz Begag. Ce chercheur au CNRS d'origine algérienne a été ministre délégué à la Promotion de l'égalité des chances dans le gouvernement Villepin. Puis il a soutenu François Bayrou pendant la campagne de 2007. Avant d'appeler à voter pour François Hollande en 2012, tout en étant – ou parce qu'il était… – militant de République solidaire, le mouvement mort-né de Dominique de Villepin. Ce petit retournement de veste ne lui a pas valu une ambassade comme à Catherine Colonna – c'était pourtant son rêve. François Hollande l'a fait nommer, en septembre 2013, au poste moins glamour de conseiller culturel à l'ambassade de France à Lisbonne. Là, si l'on en croit *Le Canard enchaîné*[2], il a été le « liquidateur zélé » de l'Institut français à Lisbonne, mis en sommeil pour cause de déficit. Au bout de deux ans, Azouz Begag a quitté le réseau culturel extérieur français, où personne ne semble le regretter.

---

1. Voir le chapitre « Un scandale étouffé », p. 13.
2. 8 avril 2015.

Notons que l'ancien patron du PCF, Robert Hue, qui a soutenu Hollande dès la primaire, fait lui aussi partie des semi-recasés politiques. Il n'obtient pas non plus le maroquin qu'il espérait. Mais, piètre consolation, il est nommé, en février 2015, représentant personnel du ministre des Affaires étrangères pour la diplomatie économique en Afrique du Sud. Drôle de mission pour un ancien communiste !

En dehors de ces quelques cas, auxquels il faut ajouter celui d'un camarade de la promotion Voltaire, Guy Yelda, recasé au Luxembourg[1], François Hollande fait partie de ces présidents qui ignorent les ambassadeurs. Il ne les maltraite pas comme Sarkozy. Mais, alors que de Gaulle s'entretenait avec chacun d'entre eux avant leur prise de fonction à l'étranger, François Hollande ne les reçoit jamais. Il maintient seulement quelques contacts avec son copain de l'ENA, Jean-Maurice Ripert, au sujet de la Russie. Pour le reste, c'est Laurent Fabius, son cabinet et parfois sa compagne Marie-France Marchand-Baylet qui veillent au grain – au grand désespoir de certains[2].

Du coup, le président et son ministre des Affaires étrangères se sont très rarement affrontés à propos de la nomination d'un ambassadeur. Les cas se comptent sur les doigts d'une main. Le plus célèbre est celui de l'avocat François Zimeray, ancien maire du Petit-Quevilly, le fief de Laurent Fabius dont il est proche. Sur proposition de Bernard Kouchner, Nicolas Sarkozy l'a

---

1. Voir le chapitre « Dans le couloir de la mort », p. 229-230.
2. Voir le chapitre « Fabius Imperator », p. 95-101.

nommé, en 2008, ambassadeur pour les droits de l'homme. Une jolie petite prise puisque François Zimeray est une figure – mineure toutefois – du Parti socialiste, dont il a été l'un des députés européens de 1999 à 2004.

Quand Laurent Fabius s'installe au Quai d'Orsay, l'avocat demande une ambassade, une vraie. Le ministre choisit le Portugal. Mais François Hollande, qui était tête de liste du PS aux élections européennes de 1994, n'a pas digéré la trahison de Zimeray. Il refuse. « Je comprends que l'on nomme des amis politiques, pas des ennemis », lance-t-il, cinglant, en plein Conseil des ministres. Laurent Fabius ne lâche pas l'affaire pour autant et finit, à l'usure, par l'emporter. En octobre 2013, l'avocat est nommé ambassadeur au Danemark. Il s'y fera connaître le 14 février 2015, alors qu'il participe à un débat sur la liberté d'expression dans un centre culturel à Copenhague pris pour cibles par des terroristes. Il sortira indemne de l'attaque et relatera sa terrible mésaventure à la télévision.

François Hollande s'oppose à une deuxième nomination, celle du chiraquien Thierry Dana comme directeur général de la Mondialisation au Quai d'Orsay. Paul Jean-Ortiz convainc le président que ce diplomate, en disponibilité depuis plusieurs années, ne présente peut-être pas toutes les qualités requises[1]. Mais, là encore, Laurent Fabius, pour une raison inexpliquée, maintient la pression. Le décès de « PJO » facilite les choses, puisque son successeur, Jacques Audibert, est

---

1. Voir le chapitre « Ambassadeurs à louer », p. 222-223.

un ami de Dana, qui sera finalement nommé ambassadeur au Japon, en septembre 2014.

En retour, Laurent Fabius a contesté deux nominations envisagées par l'Élysée, et chaque fois il a, lui, obtenu gain de cause. La première affaire concerne la conseillère de presse et amie du ministre de l'Économie, Pierre Moscovici : Safia Otokoré. Quelques semaines après son arrivée à Bercy, elle veut déjà partir du paquebot et demande un poste dans une ambassade en Afrique. Paul Jean-Ortiz est d'accord pour envoyer au Botswana cette militante socialiste née à Djibouti, originaire de Somalie et un temps membre du bureau national du PS. Mais, la veille du Conseil des ministres qui doit avaliser la promotion, Laurent Fabius s'insurge. Le Botswana, c'est trop : ce sera un poste à l'Agence française de développement (AFD)… ou rien ! Après quelques mois de palabres, l'Élysée plie et Otokoré est nommée à l'AFD avec un titre ronflant qui n'existait pas la veille : chef de mission pour le développement des droits de la femme en Afrique. Finalement l'ambassade au Botswana échoit, en janvier 2013, à une diplomate pur sucre, Anne Trarieux-Vidal de La Blache.

La seconde promotion empêchée par Laurent Fabius concerne l'une de ses conseillères, la fringante Anne-Claire Legendre, trente-six ans. Mi-2005, Jacques Audibert cherche un successeur au « Monsieur Moyen-Orient » de la cellule diplomatique à l'Élysée, Emmanuel Bonne, nommé ambassadeur à Beyrouth. Il propose le poste à la solide Legendre qui accepte à la fin août, au cours d'une réception, Audibert la présente à François Hollande : « Voici votre nouvelle conseillère », lance-t-il enjoué. Laurent Fabius, qui n'est jamais très loin, surprend la scène et intervient : « Rien n'est fait », rétorque-t-il, très courroucé de ne pas avoir été mis au courant. François Hollande sourit et change de sujet. La jeune Anne-Claire Legendre restera auprès de son ministre si possessif[1].

---

1. Après le départ de Laurent Fabius, Anne-Claire Legendre devrait être nommée consule générale à New York.

6

Fabius Imperator

Laurent Fabius ne parlait pas à tort et à travers, il ne confondait pas Taïwan et la Thaïlande. C'est un homme d'État qui a dirigé le Quai d'Orsay comme une machine au service de sa propre gloire.

Dès son arrivée, le chef de la diplomatie française gouverne la maison tel un monarque, à coup de lettres de cachet, et ce n'est pas une figure de style. Parfois, il rédige ses ordres au feutre noir sur des bristols blancs gravés à son nom. Puis il les fait porter à son directeur de cabinet, Alexandre Ziegler, un diplomate de quarante-six ans d'apparence bonhomme qui sert d'interface entre le maître des lieux et le reste du monde.

La devise de Caligula

Un jour de mars 2015, le ministre, toujours bien mis avec son éternelle pochette en soie blanche, laisse tomber, par inadvertance, l'un de ses cartons. À son insu, une personne de son entourage le ramasse et le garde par-devers elle, précieusement. Trop contente de mettre la main sur une preuve écrite du comportement autoritaire et clanique de ce ministre dont le sourire fatigué et la voix posée ne laissent rien paraître de tel. Le bristol[1] est adressé à « A. Z. » (Alexandre Ziegler). Il y est écrit : « Dégager Lévy (Sports) rapidement et installer V. Fourneyron. Me rendre compte. » En clair, Fabius ordonne à son grand chambellan de virer illico l'ambassadeur aux événements sportifs – poste à l'utilité discutable qu'il a lui-même créé en 2013 et confié à l'énarque Jean Lévy. « A. Z. » doit remplacer le malheureux sur-le-champ par l'une des amies du patron, Valérie Fourneyron, ex-ministre des Sports et députée de Seine-Maritime, le fief politique du ministre.

Cette injonction est formulée, dans un langage familier, sur un bout de papier, au mépris de toutes les procédures internes, des commissions de nomination et autre direction du personnel... Les choses ne traînent pas. Un mois et demi plus tard, Lévy est « dégagé », comme vague conseiller du président de la Fédération internationale de l'automobile. Finalement, Valérie Fourneyron, elle, ne viendra pas au ministère des Affaires étrangères. Elle préférera la compagnie d'assurance Matmut, dont elle est nommée administratrice en novembre 2015.

De mémoire de diplomate, jamais un ministre des Affaires étrangères n'a traité ses troupes de la sorte, avec une telle rudesse. Si l'on devait décrire à des enfants l'ambiance qui règne au Quai d'Orsay depuis la prise de pouvoir de Fabius Imperator, on pourrait, en

---

1. Source confidentielle de l'auteur.

forçant le trait, la comparer avec celle qui prévaut dans *Le Roi Lion* sous la coupe de Scar-la-terreur... Aux adultes, on dirait que la plupart des ambassadeurs et hauts responsables qui rencontrent leur ministre sont abasourdis par son manque d'empathie, par sa froideur, cette distance aristocratique qu'il cultive en toutes circonstances. « Fabius a fait sienne la devise de Caligula : "Qu'ils me haïssent pourvu qu'ils me craignent" », note un haut responsable[1], en riant jaune.

« Une fois, une seule, il s'est laissé – un peu – aller. C'était après sa sortie sur l'Iran à Genève, en novembre 2013, qui l'a fait connaître du reste du monde. Il a organisé un petit pot avec tous les directeurs de la maison. En deux ans et demi, cela ne lui était jamais arrivé ! Et c'était glacial. » La méfiance à son endroit est telle que personne au Quai ne croit que le moindre de ses élans soit spontané. Lorsque, le dernier jour de la COP21, le 12 décembre 2015, il a évoqué, des sanglots dans la voix, le souvenir de tous les combattants pour le climat, certains ont pensé qu'il avait répété la scène...

Pourtant, à son arrivée, les diplomates l'ont accueilli à bras ouverts. Dégarni, sexagénaire, énarque, normalien, ancien Premier ministre... cet homme d'État ressemble tellement à leur patron idéal, leur « statue du commandeur » : Alain Juppé, le seul, assurent-ils, qui s'est vraiment occupé d'eux et auquel Laurent Fabius succède le 17 mai 2012. Les apparences sont trompeuses. À peine a-t-il désigné son directeur de cabinet,

---

1. Entretien avec l'auteur, le 28 octobre 2015.

un diplomate très respecté, Denis Pietton, qu'il n'aurait eu de cesse de le malmener au su et au vu de tous. On prétend qu'il lui assène ses ordres sans le regarder dans les yeux, le court-circuite par son directeur adjoint, le bon Alexandre Ziegler qu'au bout d'un an il va nommer à sa place[1]. « Dégagé » aussi, le pauvre Pietton. Ce spécialiste du monde arabe est expédié, d'urgence, au Brésil comme ambassadeur après le rappel de Bruno Delaye.

Le 7 décembre 2015, Pietton décède d'une maladie fulgurante. Une semaine plus tard, dans la basilique Sainte-Clotilde, à deux pas du Quai d'Orsay, Laurent Fabius prononce un éloge funèbre dans lequel il vante l'humanisme et l'optimisme de ce « gentleman diplomate » tant aimé par ses pairs mais qu'il a, lui, traité avec si peu d'égards, au début en tout cas. Pendant son discours, l'un des frères du défunt quitte les lieux, comme s'il se sentait outragé. Vrai ou faux, c'est ainsi que beaucoup ont interprété ce brusque départ.

Comme tous les grands fauves politiques, et bien qu'il approche les soixante-dix ans, Laurent Fabius est obsédé par son image. Le Quai d'Orsay est un petit ministère. Il représente moins d'1 % du budget de l'État, emploie quatre fois moins de salariés que la Mairie de Paris. Mais il bénéficie encore d'un grand prestige dont peut profiter son patron. À condition qu'il soit mis au service de sa postérité.

Après s'être séparé du porte-parole du Quai d'Orsay en poste à son arrivée, Bernard Valero, nommé ambassadeur en Belgique, il renvoie le second, Philippe Lalliot, au

---

1. Après le départ de Laurent Fabius, Alexandre Ziegler est nommé en février 2016 ambassadeur en Inde.

bout d'un an, au motif que la presse n'a pas assez parlé de sa présence à l'Assemblée générale des Nations unies en septembre 2013. « Au cours d'une réunion des directeurs, il l'a traité plus bas que terre, dit l'un des participants. Je n'avais jamais entendu un ministre s'acharner ainsi, devant ses pairs, sur l'un de ses collaborateurs. Cette violence verbale a marqué tout le monde[1]. » Lalliot, qui avait quitté le poste enviable de consul général à New York pour celui de porte-parole, se retrouve dans un placard : la représentation française à l'Unesco.

Fabius enrage de ne pas être sans cesse à la une des médias. Il épuise ses conseillers de presse. Il en change comme de pochettes. Il en aura quatre. Un par an. Un record. Et aucun, même le jeune énarque Gaspard Gantzer qui fera merveille auprès de François Hollande, ne trouve grâce à ses yeux et ne parvient à étancher l'incompréhensible soif de reconnaissance et de notoriété d'un homme qui a exercé tous les postes les plus prestigieux de la République – à la cruelle exception, il est vrai, de celui de président...

Une brune aux yeux d'acier

Sa compagne, aussi, veille à la précieuse image du chef de la diplomatie française. Celui-ci vit, depuis plusieurs années, avec l'ex-femme de l'éternel président des radicaux de gauche, Jean-Michel Baylet, qui est

---
1. Entretien avec l'auteur, le 3 mars 2015.

aussi P-DG du quotidien familial *La Dépêche du Midi* et fut, en 1984, secrétaire d'État dans le gouvernement Fabius[1]... Des appartements privés du ministre, où elle occupe un bureau, Marie-France Marchand-Baylet, une brune aux yeux d'acier qui dirige toujours la holding propriétaire de *La Dépêche*[2], intervient parfois dans les affaires de communication du Quai d'Orsay.

Elle aurait ainsi houspillé un conseiller presse afin qu'il obtienne un reportage sur son compagnon dans *Paris-Match*. Quand une méchante rumeur prétend que le ministre est atteint de la maladie de Parkinson – un ouï-dire d'autant plus détestable que, quel que soit son état de santé réel, Laurent Fabius est, à l'évidence, capable de travailler et de voyager avec bien plus d'entrain que le commun des mortels –, cette femme à poigne écrit e-mail sur e-mail au directeur de cabinet pour le sommer d'engager une contre-attaque médiatique.

« Mimi », puisque c'est ainsi, assure-t-on, que le ministre surnomme Marie-France en privé, veut exister. Dans l'empire Fabius, elle gère une petite province : le château dit « de La Celle Saint-Cloud » ou « le petit château », un domaine dans les Yvelines qui appartient au Quai d'Orsay, où « Mimi » se conduit en gouverneure. C'est un riche Luxembourgeois de la famille des Pescatore qui, en 1951, a légué cette propriété au ministère des Affaires étrangères dont le patron de l'époque, Robert Schuman, était lui aussi originaire du

---

1. Lors du remaniement de février 2016, Jean-Michel Baylet est nommé ministre de l'Aménagement du territoire.
2. Après l'entrée de son ex-mari au gouvernement, Marie-France Marchant-Baylet est nommée présidente du groupe La Dépêche.

Grand-Duché. Le généreux donateur a fixé des conditions strictes d'utilisation de ce château qui ne peut être vendu, mais qui peut être repris par ses anciens propriétaires si ces exigences ne sont pas respectées : il est destiné à l'usage exclusif du chef de la diplomatie française. Les héritiers Pescatore demandent d'ailleurs un rapport annuel détaillé sur les activités du domaine.

« Mimi » aurait-elle décidé d'en faire le Versailles de Laurent Fabius ? En tout cas, elle se démène pour aménager cette propriété, qui a appartenu à la Pompadour. Le couple aime y recevoir ses amis à dîner et y accueille en majesté, une ou deux fois l'an, l'ensemble des ambassadeurs de France pour un déjeuner gastronomique. Avec un intime de son compagnon, Jean de Kervasdoué, ancien directeur des hôpitaux, la compagne du ministre lance, en juin 2013, une fondation, baptisée « Flag-France Renaissance », destinée à financer les travaux de rénovation de cette propriété délaissée pendant des années. « Cette structure a très vite décroché la précieuse "reconnaissance d'intérêt général" qui lui permet d'offrir à ses entreprises mécènes une déduction fiscale égale à 60 % de leurs dons », écrit *L'Express*[1].

Et c'est ainsi que Total, la Matmut et les groupes chinois Sanli Holdings et Sanhe Tea, des firmes pas forcément désintéressées, apportent plusieurs millions d'euros à la fondation de Marie-France Marchand-Baylet. Et que l'orangerie du château, située dans un jardin dessiné par Le Nôtre, qui autrefois accueillait la plus importante collection d'orchidées d'Europe, est

---

1. « Marie-France Marchand-Baylet, dans les coulisses du Quai d'Orsay », 14 novembre 2014.

restaurée. Le coût de l'opération : 2 millions d'euros[1]. En juin 2014, elle est prête à temps pour accueillir l'événement qui tient le plus à cœur au couple : la célébration du cinquantenaire des relations franco-chinoises, rétablies par de Gaulle en 1964. Cérémonie qui permet à Marie-France et Laurent de renforcer leurs liens personnels avec les dirigeants et les hommes d'affaires de cet empire du Milieu qui les fascine et où ils se rendent plusieurs fois par an, en voyages diplomatiques ou privés.

D'ailleurs, grâce à ses mécènes, la fondation Flag-France Renaissance organise, fin septembre 2014, les journées intitulées « La Chine à Toulouse » en présence de Laurent Fabius et de l'ambassadeur de Pékin en France. Pourquoi Toulouse et seulement Toulouse ? Les mauvaises langues rappellent que le siège social de *La Dépêche* se trouve justement dans la Ville rose, précisément avenue Jean Baylet[2]...

Pour le « petit château », « Mimi » a sans cesse besoin d'argent. Alors elle s'adresse aux postes à l'étranger. De son propre chef, elle écrit, fin juillet 2015, aux ambassadeurs de France dans les grandes capitales. Bien qu'elle n'ait aucune fonction officielle, elle les invite à demander à leurs mécènes habituels d'aider à financer la rénovation du château.

De même, sa fondation a collecté des fonds pour la réalisation d'un beau livre intitulé *Le Quai d'Orsay*[3],

---
1. Brochure de Flag-France Renaissance : les réalisations 2013-2015.
2. Père de Jean-Michel, homme politique et patron de *La Dépêche du midi* jusqu'à sa mort en 1959.
3. Éditions internationales du patrimoine, 2014.

consacré à l'hôtel du ministre et dont l'utilité ne saute pas aux yeux. Il aurait pourtant coûté la bagatelle de 300 000 euros, chaque exemplaire pesant quatre kilos ! Dix fleurons de l'économie française ont versé chacun 30 000 euros, dont les inévitables Airbus, Areva, EDF, GDF Suez, Dassault, Thales, Total ou Vinci. Attendaient-ils quelque chose en retour ?

Pour son château, sa fondation et ses déplacements, la compagne de Laurent Fabius n'hésite pas à mobiliser l'équipe du ministre. « Pendant trois ans, le chef de cabinet du ministre, Christophe Lemoine, a passé une partie de son temps à assister "Mimi", raconte un haut responsable. Il en a été récompensé. En mai 2015, il a été nommé consul général à Los Angeles[1]. » Une belle promotion pour ce diplômé de Sciences Po Bordeaux qui n'a guère plus de quarante ans. Mais gare à ceux qui résistent à « Folcoche », le surnom de « Madame » au sein du Quai…

Jusqu'en octobre 2015, Michel Charbonnier était le chef du cérémonial au Quai d'Orsay. Cet officier devenu diplomate réglait les questions de préséance dans les dîners officiels, organisait les voyages à l'étranger du président et du Premier ministre, ainsi que les visites des chefs d'État en France. Selon plusieurs sources, « Mimi » l'aurait convoqué à plusieurs reprises, fin août 2015, au « petit château ». Il aurait répondu qu'il avait autre chose de plus urgent à faire et que, de toute façon, il n'avait pas d'ordre à recevoir de la compagne du ministre. Laurent Fabius décide de

---

1. Entretien avec l'auteur, le 28 septembre 2015.

mettre un terme à la mission de Michel Charbonnier quelques jours après. Et peu importe que cette décision aille à l'encontre d'un arrêté[1] du Premier ministre – et de Laurent Fabius lui-même – qui a fixé l'échéance de ladite mission au 30 avril 2017... Moins de deux mois plus tard, le malheureux est nommé, à cinquante-sept ans, consul général à Washington où, du fait de la déliquescence du poste, il ne sera en réalité que chef de chancellerie. Une punition.

La dame influencerait aussi certaines nominations d'ambassadeurs. D'ambassadrices, plus précisément. Cécile Pozzo di Borgo est une diplomate estimée qui a représenté la France à Saint-Domingue et au Pérou. En 2011, elle est détachée au ministère de l'Intérieur comme préfète de l'Aveyron. Elle y est si appréciée qu'elle reste trois ans, soit beaucoup plus que la moyenne, et devient de ce fait la doyenne des préfets de la région.

Début 2014, elle fait savoir au Quai d'Orsay qu'elle aimerait bien un nouveau poste à l'étranger. Les collaborateurs de Laurent Fabius lui répondent qu'évidemment elle a toutes ses chances, surtout à l'heure où le ministre cherche désespérément à nommer des ambassadrices. Et puis n'est-elle pas de la famille, elle qui a travaillé dans plusieurs cabinets ministériels pendant la présidence Mitterrand ? Avec la haute hiérarchie de la maison, Cécile Pozzo di Borgo évoque des points de chute précis : La Havane, Stockholm ou Caracas.

Et voilà qu'un beau jour d'avril 2014 les mêmes qui lui assuraient un poste pour l'été lui répondent que c'est devenu totalement impossible, qu'elle a été rayée, du

---

1. Arrêté du 23 avril 2014.

jour au lendemain, des listes des nominations. Elle est abasourdie.

Quand l'un de ses amis en Mitterrandie demande à Laurent Fabius la raison de ce soudain refus, le ministre aurait répondu avec un sourire énigmatique : « Mésentente entre femmes [1]. » Lorsque cette remarque lui est rapportée, Cécile Pozzo di Borgo se souvient que, dix jours avant le revirement inattendu, elle a, pour la première fois, déjeuné en tête-à-tête avec Marie-France Marchand-Baylet. A-t-elle déplu à « Madame » ? Personne au Quai ne peut formuler d'autre explication à sa mésaventure. Aujourd'hui, elle est préfète des Terres australes, très loin de Paris et de… « Folcoche ».

Le clan

Il n'y a pas que sa compagne. Il y a aussi son clan, qui lui permet de tenir le ministère des Affaires étrangères. Dans son cabinet, Laurent Fabius a fait venir sa garde rapprochée : deux poulains politiques, des ultradiplômés qui lui sont fidèles *perinde ac cadaver*, comme diraient les jésuites. Normalien, ingénieur du corps des Mines, Nicolas Mayer-Rossignol est le jeune patron du PS de Haute-Normandie. Au Quai, c'est lui qui est chargé de mener le combat contre Bercy. En octobre 2013, il devient, à trente-six ans !, président du conseil général de Haute-Normandie [2]. Alexis Dalem est lui aussi normalien.

---
[1]. Entretien avec l'auteur, le 3 mars 2015.
[2]. En décembre 2015, il ratera d'un cheveu son élection à la présidence de la région Normandie, battu par Hervé Morin.

Il a longtemps travaillé au conseil général de Seine-Saint-Denis auprès de l'ex-lieutenant de Laurent Fabius, Claude Bartolone, avant de prendre la direction générale du PS. Au cabinet, c'est la « plume en chef ». Il relit les discours du ministre et peaufine la stratégie. Pendant deux ans, il va chercher la formule choc ou l'allocution inoubliable qui, à l'instar du concept d'« hyperpuissance » d'Hubert Védrine élaboré en 1999 ou du discours à l'ONU de Dominique de Villepin en février 2003, gravera le nom de son patron dans les manuels d'histoire du monde entier. Il n'y parvient pas. En septembre 2014, Alexis Dalem rejoint le groupe d'armement Thales comme directeur des relations internationales.

Et puis, il y a l'« autre cabinet », comme dit le magazine *Vanity Fair*[1], la bande des amis, eux aussi entièrement dévoués à l'homme et à sa gloire : des hommes d'affaires que le marmoréen Laurent Fabius, à la surprise générale, tutoie et embrasse comme du bon pain, à chaque occasion. C'est avec ces millionnaires que le ministre le plus riche du gouvernement[2] a racheté, en 2008, la maison de vente aux enchères Piasa.

Dès son arrivée au Quai, il nomme trois de ses associés au conseil des Affaires étrangères, un organe consultatif mais important : le financier Serge Weinberg, président de Sanofi et créateur d'un important fonds d'investissement, qui a été son chef de cabinet à Bercy de 1981 à 1983 ; le Franco-Béninois Lionel Zinsou, sa

---
1. *Vanity Fair*, 18 décembre 2013.
2. Selon sa déclaration à la Haute Autorité pour la transparence de la vie publique, son patrimoine net s'élevait à 5,2 millions d'euros au 1er janvier 2014.

plume à Matignon, patron de PAI Partners, le fonds d'investissement de BNP-Paribas[1] ; et Louis Schweitzer, ancien PDG de Renault et patron de la branche internationale du Medef de 2005 à 2013, qui a dirigé son cabinet quand il était Premier ministre. C'est à ce dernier qu'il confie la présidence du conseil des Affaires étrangères. Un poste crucial pour Laurent Fabius. Car cet organisme auditionne les directeurs et tous les ambassadeurs de France de passage à Paris. Si bien que Louis Schweitzer, devenu une sorte de super DRH de la maison, aurait jaugé toute la hiérarchie et aurait transmis ses avis au ministre. Après chacun de ces oraux, il aurait adressé une note personnelle et secrète à son ami Laurent. Un quatrième membre de la confrérie, l'ancien président d'Arte, Jérôme Clément, se retrouve, lui, en juin 2014, à la tête de la fondation Alliance française.

La guerre contre Bercy

Avec l'aide de son clan, et grâce à sa connaissance sans pareille des rouages de l'État, le patron du Quai d'Orsay va étendre son empire... jusqu'à Bercy. Lui qui, de 2000 à 2002, a dirigé le ministère de l'Économie, le sait : les deux maisons sont en guerre froide depuis toujours. Les inspecteurs des Finances méprisent le petit corps des diplomates qu'ils considèrent souvent comme des fainéants. « Vous connaissez la différence entre un chameau et un diplomate ? demande l'un

---

1. Lionel Zinsou a quitté cette fonction en juillet 2015 pour devenir Premier ministre du Bénin.

d'entre eux en éclatant de rire. Un chameau peut travailler quinze jours sans boire alors qu'un diplomate peut, lui, boire quinze jours sans travailler[1]... » Les ambassadeurs, eux, voient leurs collègues de Bercy comme de simples comptables à manches de lustrine, qui ne savent rien de la grandeur de la France.

Laurent Fabius veut impérativement la tutelle du Commerce extérieur et du Tourisme. Sans lesquels, pense-t-il, la diplomatie française, qui doit être « globale », est bancale – et son territoire trop petit puisque déjà limité par le « domaine réservé » du président. Pour les annexer, il mène une bataille bureaucratique acharnée. Il commence par créer une direction des entreprises au sein du Quai d'Orsay. Il la confie à un diplomate qui a passé dix ans dans la compagnie d'assurances AXA : l'énarque Jacques Maire, fils de l'ancien patron de la CFDT, Edmond Maire.

Puis, sans l'avis de Bercy, il nomme ses propres représentants spéciaux pour la « diplomatie économique » dans une quinzaine de pays. Cela ne s'est jamais fait à une telle échelle. Il choisit évidemment des copains et des alliés politiques : comme l'indispensable Louis Schweitzer au Japon, Martine Aubry en Chine, Jean-Louis Bianco en Algérie ou Robert Hue en Afrique du Sud. Certaines nominations laissent pantois : Alain Richard, qui a été ministre de la Défense pendant la guerre au Kosovo, est chargé des... Balkans ; Jean-Charles Naouri, président de Casino, du Brésil où sa firme est en concurrence frontale avec l'autre géant

---

1. Entretien avec l'auteur, le 9 mai 2015.

français de la distribution, Carrefour ; ou Jean-Pierre Chevènement de la Russie où il tient des propos opposés à la politique officielle de la France. L'important, c'est qu'ils occupent le terrain.

Le but est de marginaliser la ministre du Commerce extérieur en titre, Nicole Bricq, qui va être écrasée par la machine Fabius. « On s'est battus comme Napoléon pendant la campagne de France : en reculant[1] », regrette un haut fonctionnaire de Bercy. Il raconte : « En janvier 2013, Martine Aubry se débrouille pour aller en Chine une semaine avant Nicole Bricq et l'ambassade à Pékin reçoit l'instruction de lui réserver un accueil de ministre, raconte-t-il. Quand Fabius prévoit de se rendre en Asie centrale quinze jours après la même Bricq, il demande aux entreprises d'attendre sa visite à lui et de ne pas accompagner la concurrente » ! Et la ministre du Commerce extérieur qui passe sa vie dans les représentations françaises à l'étranger n'est pas invitée à la conférence annuelle des ambassadeurs en août 2013.

Cette guéguerre absurde dure deux ans. Jusqu'au remaniement ministériel d'avril 2014 où Laurent Fabius finit par obtenir ce qu'il veut : un ministère des Affaires étrangères élargi, pour la première fois, au « développement international », avec, enfin, la tutelle sur le Commerce extérieur et le Tourisme. Mais la bagarre n'est pas finie.

Il faut mettre cette fusion en musique. Fabius exige que les sept cents conseillers commerciaux qui dépendent de Bercy soient totalement rattachés au Quai d'Orsay.

---

1. Entretien avec l'auteur, le 5 avril 2015.

« On a commencé à leur chercher des bureaux dans les nouveaux locaux du ministère, rue de la Convention[1] », affirme un haut responsable. Mais la révolte gronde. Ces hauts fonctionnaires veulent garder leur statut au Trésor. Ils refusent un rattachement complet chez les « alcooliques ». Leur syndicat SPRIM-FO se bat. Pour être sûr de l'emporter, il mobilise le patron de la centrale, Jean-Claude Mailly, qui plaide en personne la cause des conseillers commerciaux auprès du secrétaire général de l'Élysée. Et obtient gain de cause. Ils n'iront pas à la Convention. Laurent Fabius perd une autre bataille, plus importante encore : le financement de l'export restera lui aussi à Bercy.

Un traité d'armistice très détaillé – et confidentiel – est signé le 15 juillet 2014 entre Pierre Sellal, secrétaire général du Quai, et Bruno Bézard, directeur du Trésor. Ce document de onze pages[2], appelé pudiquement « convention », délimite chaque millimètre de la nouvelle frontière entre les deux ministères... jusqu'à l'attribution des badges. « Cet accord est le Montoire[3] de Bercy, notre défaite, dit un haut fonctionnaire des Finances. Pour l'adoucir, nous avons obtenu quelques petites compensations non écrites. Le Quai a concédé deux postes d'ambassadeurs à des conseillers économiques. Bon, c'est en Islande et en Nouvelle-Zélande, pas de quoi pavoiser. En échange, deux diplomates ont

---
1. Entretien avec l'auteur, le 29 juin 2015.
2. Source confidentielle de l'auteur.
3. Entrevue de Montoire, qui scelle le 24 octobre 1940 la soumission du maréchal Pétain devant Adolf Hitler et engage le régime de Vichy dans la collaboration.

été nommés conseillers économiques, l'un au Canada, l'autre en Tunisie[1]. »

Laurent Fabius a également obtenu la tête du directeur international du Trésor, Raphaël Bello, qui a mené la guerre contre lui pendant deux ans. Il a été nommé directeur à la BERD à Londres. En contrepartie, le chef de la diplomatie a demandé à Jacques Maire de démissionner[2]. En septembre 2014, ce dernier est remplacé par Agnès Romatet-Espagne, épouse de Stéphane Romatet, conseiller diplomatique de Manuel Valls. Laurent Fabius a aussi nommé l'ancien directeur de cabinet du ministre de l'Économie, Rémy Rioux, secrétaire général adjoint du Quai.

Mais cet armistice n'est pas une paix. Bercy rêve de prendre sa revanche. « Comme les hommes et les financements n'ont pas été annexés par le Quai, cette réforme est réversible, décrypte un syndicaliste du Trésor[3]. Tout va dépendre des poids politiques des prochains ministres des Affaires étrangères et de l'Économie. » Au final, Laurent Fabius a engrangé une victoire personnelle. Mais il a créé une usine à gaz. « Regardez, lance un haut responsable du ministère, furieux, désormais, vous avez des conseillers commerciaux et Business France à Bercy, qui doivent rendre des comptes au Quai, qui lui-même ne contrôle pas le crédit export. Et vous pensez que ce système va aider les PME à vendre plus à l'étranger ?[4] »

---
1. Entretien avec l'auteur, le 5 avril 2015.
2. Début 2015, Jacques Maire rejoint Vigeo, l'agence de notation extra-financière créée par l'ancienne patronne de la CFDT, Nicole Notat.
3. Entretien avec l'auteur, le 9 octobre 2015.
4. Entretien avec l'auteur, le 18 octobre 2015.

La COP21 et l'Histoire

L'autre victoire de Laurent Fabius est évidemment l'accord sur le climat, dont il a été « le cerveau » selon *Le Monde*[1]. La bataille contre Bercy a satisfait son désir de conquête. La COP21 le fera peut-être entrer dans l'Histoire. En tout cas, elle a assouvi sa soif d'exposition médiatique et de notoriété internationale.

Pourtant, il a tout fait pour que la France n'accueille pas cette conférence. « À la fin de l'été 2012, le Quai nous bombardait de notes pour expliquer pourquoi Paris ne devait pas accueillir la COP21, explique un conseiller à l'Élysée. Elle serait trop chère et aboutirait forcément à un échec comme Copenhague. Heureusement que nous avons passé outre[2]... »

La décision prise, Laurent Fabius fait en sorte d'écarter Ségolène Royal, ministre de l'Écologie, du cœur des négociations. Et de cantonner Nicolas Hulot dans son rôle d'envoyé spécial de François Hollande pour la protection de la planète. Puis il agit en homme d'État, ne ménageant ni sa peine, ni ses réseaux, ni son intelligence, pour bâtir un consensus bien improbable, même si une bonne partie du chemin a été franchie quand les présidents Obama et Xi se sont mis d'accord, en tête-à-tête, sur le sujet en septembre 2015[3]. Le chef de la diplomatie française parcourt des centaines de

---

1. *Le Monde*, 14 décembre 2015.
2. Entretien avec l'auteur, le 30 décembre 2015.
3. Voir par exemple dans *Le Temps* du 29 septembre 2015, l'article « Sommet Obama-Xi : la surprise climatique ».

milliers de kilomètres pour convaincre, mobiliser des États réticents. Il promet d'utiliser l'« expérience de toute sa vie » pour aboutir à un accord. Il le fait.

« Depuis plus de deux décennies que j'assiste à ces réunions, c'est la diplomatie la plus habile que j'ai vue », déclare, enthousiaste, l'ancien vice-président américain, Al Gore, le 12 décembre 2015. À Paris, « il y aura peut-être une statue pour l'homme qui a aidé à sauver le monde », écrit même à propos de Laurent Fabius le magazine *Wired*[1] d'ordinaire plutôt sarcastique.

La COP21 rehausse – et de quelle manière ! – un bilan par ailleurs bien pauvre. Jusque-là, le nucléaire iranien était le seul dossier où Laurent Fabius avait imprimé sa marque – et encore de façon moins profonde qu'il ne le prétend[2]. Le chef de la diplomatie française a fait l'impasse sur beaucoup d'autres sujets. Il a, par exemple, laissé l'Afrique et même l'Asie – sauf la Chine, on l'a vu – au ministre de la Défense, Jean-Yves Le Drian.

Le dossier ukrainien ? Il ne l'intéresse guère. La veille de son premier voyage à Kiev, en février 2014, alors que les combats y font rage, il explique[3] qu'il ne va y rester que quelques heures. Que la capitale ukrainienne ne sera qu'une étape vers sa véritable destination, Pékin, où il va rencontrer le président chinois. Et probablement lui parler de la COP21 et des dossiers économiques, les seuls qui le passionnent vraiment.

---

1. *Wired*, 12 décembre 2015.
2. Voir le chapitre « La secte », p. 241.
3. Entretien avec l'auteur, le 19 février 2014.

Par la suite, la question ukrainienne sera traitée directement par François Hollande et la cellule diplomatique de l'Élysée. Étrangement, Laurent Fabius n'en comprend pas l'enjeu pour le continent européen. Le 6 juin 2014, lors des célébrations du soixante-dixième anniversaire du Débarquement, Jacques Audibert, le conseiller diplomatique de François Hollande, propose à celui-ci de profiter de l'occasion pour organiser un mini-sommet sur l'Ukraine entre le président russe, Vladimir Poutine, et son homologue ukrainien, Petro Porochenko. Il suggère d'y associer la chancelière allemande Angela Merkel. Fabius juge que ce serait une erreur, que Paris ne devrait pas partager l'éventuel succès de la démarche avec Berlin. L'idée adoptée par le président fera pourtant toute la force du format dit « de Normandie » qui permettra, quelques mois plus tard, la signature d'un cessez-le-feu, bien précaire, il est vrai.

Les initiatives que le chef de la diplomatie française a prises ont échoué, ou ont fait long feu. En octobre 2012, il lance une campagne pour l'abolition de la peine de mort dans le monde. Mais elle se heurte aux intérêts économiques et militaires français. Si bien qu'au bout de quelques mois, Paris renonce à faire des communiqués à chaque décapitation en Arabie saoudite. Et ne moufte pas quand la Jordanie, qui accueille une base aérienne française, reprend les exécutions en décembre 2014 après un moratoire de huit ans.

Sur la Syrie aussi, Laurent Fabius doit reculer. Il fait du départ de Bachar al-Assad un préalable à tout règlement du conflit. Cette position morale intransigeante est celle de Paris jusqu'en septembre 2015 au moment où, face à la pression de la Russie et des États-Unis, la petite France opère progressivement un virage sémantique pour tenter de rester dans le jeu. Pendant des mois, Laurent Fabius s'oppose à ce que l'armée française exécute des frappes en Syrie contre Daech, qui ne pourraient, selon lui, que renforcer indirectement le régime. Là encore, il perd la bataille, fin août 2015, quand François Hollande décide que l'aviation française opérera des raids contre des camps d'entraînement terroristes en Syrie.

En juin 2015, il se rêve en supersauveur de la paix au Proche-Orient. Pour relancer le processus de paix israélo-palestinien, il fait rédiger, par la direction Nations unies du Quai, une résolution du Conseil de sécurité qui fixe les grands paramètres d'un accord avec échéance à la fin 2017. Il jure que la France va la déposer en septembre 2015 au moment de l'assemblée générale des Nations unies. Et que si rien n'avance elle reconnaîtra l'État palestinien. Mais, en juin, le Premier ministre israélien, Benyamin Netanyahou, traite cette pseudo-menace avec dédain. Le secrétaire d'État américain, John Kerry, lui demande de renoncer. Fabius plie. Il reviendra sur le sujet fin janvier 2016, mais il sait déjà qu'il va quitter le gouvernement.

Au Quai, il a mollement cherché à imprimer sa marque. En 2015, il organise une consultation interne sur le « ministère du XXIe siècle ». Mais elle n'aboutit pas à grand-chose. À l'évidence, le sujet le fait bâiller. Il défend peu le budget de la maison qui continue de baisser de 3 % chaque année. Et le ministère perd inexorablement deux cents emplois tous les ans.

Fabius a utilement regroupé plusieurs entités éparpillées pour créer un opérateur unique, Expertise France. Mais une de ses réformes a véritablement marqué les esprits : il a fait changer le nom de la rencontre annuelle des ambassadeurs, qui à lieu à Paris fin août. Elle s'appelait « la conférence des ambassadeurs », un concept inventé en 1993 par le ministre de l'époque, Alain Juppé. En 2015, il a renommé cet événement « la semaine des ambassadeurs ».

Pour sa première édition, Laurent Fabius a fait organiser, dans l'annexe du ministère, rue de la Convention, une journée de *speed dating* d'un quart d'heure entre des patrons de PME et les ambassadeurs. Une journée, pas forcément inutile mais jugée humiliante par certains... qui n'a pas amélioré l'image du ministre auprès des diplomates.

Quelques jours avant de quitter le Quai pour rejoindre le Conseil constitutionnel, le chef de la diplomatie est, le 3 février 2016, nommé « ministre de l'année » par la revue *Le Trombinoscope*. Mais il lorgne sur une autre récompense bien plus prestigieuse : le prix Nobel de la Paix. Il pense pouvoir le décrocher grâce à l'accord de Paris sur le climat ; surtout s'il peut faire campagne en continuant de voyager dans le monde entier avec l'étiquette de « Monsieur Climat ».

C'est pourquoi Laurent Fabius entend rester à la tête de la COP21 jusqu'à la fin de la présidence française en novembre 2016. « J'ai été élu à cette fonction internationale, personnelle et non rémunérée, se justifie-t-il à l'aube du remaniement ministériel. Elle n'est pas en cause, ni politiquement ni juridiquement. » Il ajoute, martial : « J'irai jusqu'au bout...[1] » Il annonce même que, malgré ses nouvelles fonctions de Sage, il gardera un bureau au Quai d'Orsay. Étrange mélange des genres !

Évidemment Ségolène Royal, dont le ministère de l'Écologie se voit confier, après le remaniement, « les relations internationales sur le climat », ne l'entend pas de cette oreille. Elle demande une clarification « des règles du jeu ». Et reçoit un soutien de poids : le président du Conseil constitutionnel, Jean-Louis Debré, que Laurent Fabius va remplacer, émet des doutes quant à la légalité de cette éventuelle double casquette. Comprenant que le débat prend une mauvaise tournure, Fabius capitule. Le 15 février, il écrit au chef de l'État qu'il « juge préférable de [lui] remettre son mandat de président de la COP ». Une défaite en rase campagne. Et une revanche bien savoureuse pour Ségolène Royal, dix ans après la primaire socialiste de 2006 durant laquelle Fabius l'avait très durement attaquée.

Selon plusieurs de ses proches, François Hollande avait, un temps, décidé de donner les clefs du Quai d'Orsay à l'ancienne rivale de Nicolas Sarkozy, par ailleurs mère de ses enfants. Mais il y avait une condition à ce beau cadeau : que le très populaire Nicolas Hulot accepte de lui succéder à l'Écologie. Or la star des médias a refusé. Alors, de guerre lasse, le chef de l'État a préféré envoyer son ex-Premier ministre Jean-Marc Ayrault aux Affaires étrangères. Certains assurent qu'il a cédé au lobby des diplomates, terrorisés à l'idée d'être

---

1. *Le Journal du Dimanche*, 24 janvier 2016.

113

dirigés de nouveau par une personnalité jugée incontrôlable qui ne maîtrise pas toujours sa parole. À l'évidence, le Nantais, germanophone et homme politique un peu terne mais aimable, les rassure. Pour combien de temps ?

7

La question taboue

« Combien gagnez-vous ? » Dès que l'on pose cette question toute simple à un ambassadeur, on assiste souvent à la métamorphose radicale de sa mine avenante. Jusque-là souriant, son visage se ferme. Sa voix se glace et son regard se durcit. Il coupe court à l'entretien. Le sujet est tabou.

Les revenus réels des ambassadeurs sont l'une des cachotteries les plus absurdes de la République. On connaît, au centime près, les salaires du chef de l'État et du gouvernement, de tous les ministres et des députés, mais pas – par exemple – les émoluments, primes comprises, du représentant français à Praia, capitale du Cap-Vert ! Incohérence de la démocratie française.

La raison de cette omerta : la peur du jugement des Français. « Si nous disons la vérité, confie un haut responsable du ministère des Affaires étrangères, nos compatriotes constateront que presque tous les ambassadeurs gagnent effectivement plus que le chef de l'État et que certains sont les fonctionnaires les mieux rémunérés de la République[1] » ! C'est pourquoi la hiérarchie du Quai

---

1. Entretien avec l'auteur, le 22 juin 2015.

d'Orsay exige que, sur ce sujet, toute la maison fasse bloc et se taise.

Interrogés, le directeur général et le porte-parole du Quai refusent de rendre publics les traitements de nos plus hauts diplomates, qui sont pourtant, rappelons-le, rémunérés par l'impôt. Alors que, depuis 2012, le Foreign Office britannique[1] les dévoile dans un rapport annuel[2] accessible sur Internet.

Du coup, même les syndicats refusent de révéler ce qu'ils savent. « Nous connaissons tous les revenus de la maison, y compris ceux des ambassadeurs, confie Emmanuel Cocher, responsable de la CFTC et consul général à Édimbourg. Mais si nous les divulguons, l'administration ne nous les communiquera jamais plus[3]. » Thierry Duboc de la CFDT justifie son silence de la même façon : « Il n'est pas normal que l'administration ne soit pas transparente à ce sujet. Mais tant qu'elle s'obstine, nous devons planquer cette liste de peur qu'elle ne nous la donne plus[4]. » Quel courage ébouriffant...

Quant aux principaux intéressés, ils bottent la plupart du temps en touche, en utilisant cet argument implacable : « Je vous dirai tout quand les cadres du Trésor révéleront, eux aussi, le montant de leurs primes. » Les plus tartuffes font, eux, semblant de souffrir de soudains trous de mémoire « Mon salaire ? Ça alors, je ne m'en

---

1. Foreign and Commonwealth Office, appelé communément Foreign Office.
2. *Foreign and Commonwealth Office Annual Report and Accounts*, 4 août 2015.
3. Entretien avec l'auteur, le 24 février 2015.
4. Entretien avec l'auteur, le 14 septembre 2015.

souviens plus, jure l'un d'entre eux en se grattant le cuir chevelu. Je chercherai dans mes papiers et mon assistante vous rappellera pour vous le dire[1]... » Et, quelques jours plus tard, celle-ci bredouillera que, finalement, « ce ne sera pas possible... ».

Heureusement plusieurs responsables du Quai d'Orsay, y compris des ambassadeurs et non des moindres, considèrent que cette absence de transparence nuit à l'image de leur maison et de leur fonction. Grâce à eux, qui souhaitent rester anonymes pour ne pas violer ouvertement l'omerta, et grâce aux enquêtes d'un parlementaire et d'un journaliste, il est possible de répondre de façon assez exhaustive à la question taboue.

Commençons par le traitement de base, qui n'est qu'une petite portion des appointements des diplomates en poste à l'étranger. Ces données-là sont publiques, il suffit de les agréger. Cette rémunération est fonction du grade de l'intéressé, et même, tous les fonctionnaires le savent, de son échelon dans ce grade. Les ambassadeurs les moins capés sont « conseillers des affaires étrangères » – ayant au moins dix ans d'ancienneté – et les plus seniors, « ministres plénipotentiaires hors classe ». Leur salaire de base dépend de la valeur du point d'indice de la fonction publique, c'est le terme technique, et du nombre des points affectés à leur grade. En multipliant l'un par l'autre, on obtient leur traitement mensuel dit « indiciaire ». Résultat : en 2015, nos ambassadeurs ont gagné, en appointement de base,

---

1. Entretien avec l'auteur, le 27 juillet 2015.

entre 3 635 et 6 112 euros brut par mois, ce dernier montant correspondant au traitement « hors échelon E » de la fonction publique, le maximum pour ces fonctionnaires-là[1]. Voilà pour la partie émergée de l'iceberg.

Indemnités secrètes

Et puis, il y a la partie immergée, la plus importante, celle que l'administration cache : l'indemnité de résidence à l'étranger, couramment appelée « IR » ou « IRE », que tous les diplomates en poste à l'étranger perçoivent chaque mois et qui double, triple, quadruple voire quintuple leur traitement de base. Un avantage d'autant plus faramineux que son montant est à la fois confidentiel et défiscalisé !

Cette prime d'expatriation a été instaurée, juste après la Seconde Guerre mondiale, par un décret du 4 septembre 1949 stipulant qu'elle variera « selon l'importance de l'emploi occupé et la zone dans laquelle le pays se trouve classé ». En mars 1967, un nouveau décret précise qu'elle sert à « compenser forfaitairement les charges liées aux fonctions exercées, aux conditions d'exercice de ces fonctions et aux conditions locales d'existence[2] ».

Pendant quatre décennies, le calcul de l'IR a reposé sur des critères opaques, aboutissant à des résultats

---
1. Grille indiciaire 2015 du ministère des Affaires étrangères et du Développement international publiée par la CFDT.
2. Décret n° 67-290 du 28 mars 1967 fixant les modalités de calcul des émoluments des personnels de l'État et des établissements publics de l'État à caractère administratif en service à l'étranger.

aberrants. « Quand il était ministre des Affaires étrangères [2002-2004], Dominique de Villepin demandait souvent : "Pourquoi donc l'ambassadeur de France à Port-d'Espagne [capitale de Trinité-et-Tobago] gagne-t-il plus que celui en Espagne[1] ?" », raconte Daniel Lequertier, qui était alors secrétaire général adjoint du Quai. Cette situation choque aussi la Cour des comptes qui, la même année, publie un rapport assassin sur la rémunération des diplomates[2]. Du coup, le bouillant DDV entreprend une première réforme.

Il veut que l'IR ne dépende plus de tractations de couloir mais de critères un tant soit peu objectifs. Si bien que le ministère des Affaires étrangères adopte, en 2006, un indice établi par un cabinet privé, Mercer Management Consulting, l'un des spécialistes mondiaux de la gestion des cadres à l'étranger. Il comporte deux cents paramètres. Le plus important est le relevé des prix des biens consommés habituellement par les expatriés. Il intègre l'évolution du taux de change entre l'euro et la devise du pays. Ainsi que la « dureté » de la vie locale – qualité des infrastructures sanitaires, culturelles et routières du pays.

Mais cette réforme aboutit à d'autres aberrations. « Ce nouveau montant de l'IR était trop lié à la situation dans le pays d'accueil et pas assez à la difficulté du job, raconte Gérard Araud, directeur politique du Quai d'Orsay de 2006 à 2009. Si bien que le représentant de la France auprès de l'Organisation des États américains

---
1. Entretien avec l'auteur, le 24 juin 2015.
2. Rapport au président de la République, 2002.

(OEA), dont le siège est à Washington, gagnait autant que l'ambassadeur de France aux États-Unis. Ce n'est pas faire injure au premier que de considérer que le second devait être mieux rémunéré[1]. »

À la demande du secrétaire général du Quai, Gérard Araud lance une nouvelle révision. En 2008, il classe les postes en fonction de leur risque et de leur importance politique. Il en tire un tableau de dix catégories d'indemnités de résidence : du niveau 1, les plus élevées, au niveau 10, les plus basses. « Tout en haut, nous avons placé les villes les plus dangereuses, comme Kaboul, Bagdad ou Islamabad, explique-t-il. En 2, les grandes chancelleries où le travail est le plus ardu : Nations unies, Pékin, Moscou, Washington. Ainsi de suite, jusqu'à Lisbonne, Bruxelles et Rome en 9 et Andorre en 10. »

C'est ainsi que l'IR de l'ambassadeur de France à Washington fait, du jour au lendemain, un bond de 50 % ! Mais le titulaire du poste à l'époque, Pierre Vimont, refuse l'augmentation. « Au moment même de la publication du décret de revalorisation, les employés de l'ambassade de Washington menaçaient de faire grève à cause de la chute brutale de leur pouvoir d'achat due à la baisse rapide et non compensée de l'euro, explique un important responsable du Quai. Ils avaient demandé à Pierre Vimont de se faire leur porte-parole qui, du coup, ne pouvait pas accepter une augmentation si substantielle de sa propre IR[2]... » Ironie de l'histoire, c'est Gérard Araud, l'instigateur de la réforme, qui

---
1. Entretien avec l'auteur, le 30 juillet 2015.
2. Entretien avec l'auteur, le 20 juin 2015.

profite aujourd'hui de cette revalorisation sans précédent, puisqu'en 2014 il a été nommé ambassadeur aux États-Unis. Selon une source qui tient à rester anonyme, il gagne aujourd'hui, IR comprise, 20 000 euros par mois, dont 15 000 non fiscalisés.

« Fouille-merde »

L'omerta sur le montant des indemnités de résidence a été brisée officiellement une seule fois, il y a quinze ans, non par l'administration mais par un député socialiste, Yves Tavernier. Le parlementaire a publié leur barème de 2001 en annexe d'un rapport, très vachard, sur le rôle des ambassadeurs[1]. On y apprend qu'à l'époque l'indemnité la plus élevée – 18 339 euros par mois – est versée à une ambassadrice de France dans un pays ravagé par la criminalité, le Salvador. Les ambassadeurs en Iran et au Liban, autres pays dangereux, touchent à peu près le même montant. La Tunisie de Ben Ali, en revanche, est trois fois moins « rentable » : 6 049 euros « seulement ». Et le représentant français à Washington ne reçoit, en cette année 2001, « que » 10 000 euros d'IR.

Dix ans plus tard, le journaliste Franck Renaud profite d'une fuite pour publier, lui aussi, le barème des IR des ambassadeurs, celui au 1er janvier 2011[2]. La haute hiérarchie du Quai d'Orsay est exaspérée. En

---
1. Rapport d'information du 20 février 2002 par la commission des finances sur le réseau diplomatique et le rôle des ambassadeurs.
2. Voir son livre bien documenté *Les Diplomates. Derrière la façade des ambassades de France*, Nouveau Monde, 2011.

privé, certains cadres importants éructent. Ils dénoncent ce qu'ils appellent un travail de « fouille-merde », comme s'il était inconvenant voire indécent de faire connaître les revenus de la haute fonction publique. La réaction est d'autant plus outrancière et absurde que, en lisant attentivement le barème révélé par Franck Renaud, on découvre qu'en une décennie le montant des IR a un peu… baissé ; sauf pour certains postes, particulièrement risqués, où elle s'est envolée.

Cette fois, c'est l'ambassadeur en Afghanistan, l'intrépide Bernard Bajolet – il sera nommé, deux ans plus tard, patron de la DGSE par François Hollande –, qui reçoit la plus forte indemnité de résidence : 27 700 euros par mois, soit environ cinq fois son traitement de base. Viennent ensuite l'Irak, l'Iran, l'Angola, ou le Pakistan, où l'IR dépasse 22 000 euros – ce qui fait une rémunération mensuelle totale de 27 000 euros environ. La Russie n'est pas très loin. Au bas de l'échelle, on trouve les paisibles Irlande, Belgique ou Andorre, avec un peu plus de 6 000 euros. Entre les deux, la Chine (16 000), le Conseil de sécurité à l'ONU (16 000), l'Azerbaïdjan (14 000), le Congo (13 000) ou l'Ukraine (12 000). Cette année-là, l'IR moyenne s'élève à 11 000 euros par mois contre 12 000, dix ans plus tôt[1]. Notons que certaines ambassades prestigieuses en Europe se situent en dessous de cette moyenne : l'Allemagne (8 000), l'Union européenne (10 000). Ce qui, ajouté au traitement de base, demeure tout à fait confortable…

---

1. Calculs de l'auteur.

Qu'en était-il en 2015 ? Comme la variation trimestrielle des IR, exprimée en pourcentage, est publiée dans un arrêté au *Journal officiel*, on pourrait croire qu'il suffit de prendre le barème 2011 publié par Franck Renaud et de reporter les vingt augmentations – quatre par an pendant cinq ans. Ce serait un peu fastidieux mais tout à fait réalisable. Seulement voilà : depuis la sortie du livre[1], la loi a changé. La variation trimestrielle est toujours publique pour les diplomates des groupes 2 à 18. Mais pas pour ceux du groupe 1, les ambassadeurs, et cela du fait d'un arrêté pris en catimini le 26 juillet 2011[2]. Omerta, quand tu nous tiens !

Comme preuve de sa bonne volonté, le directeur général de l'administration, Yves Saint-Geours, condescend tout de même à lever un tout petit coin du voile. Avec une infinie prudence, il donne deux « exemples » d'IR : « Pour un pays "facile" comme l'Italie, écrit-il, elles vont de 1 900 euros (secrétaire) à 7 000 euros (ambassadeur) ; pour un pays comme le Kenya, de 3 000 euros à 12 000 euros[3]. » Il se garde bien d'en dire davantage et surtout de divulguer les montants les plus élevés...

---

1. *Les Diplomates, op. cit.*
2. Arrêté du 26 juillet 2011 fixant la liste des groupes des indemnités de résidence et modifiant les montants de l'indemnité de résidence.
3. E-mail à l'auteur du 3 avril 2015.

29 000 euros net par mois

Les voici. Grâce à différentes sources qui tiennent à ne pas être identifiées, il est possible de révéler les revenus mensuels totaux – salaires de base plus indemnités de résidence – de plusieurs ambassadeurs de France. Les représentants en Afghanistan, en Irak et au Yémen sont aujourd'hui les mieux rémunérés avec environ 29 000 euros net par mois, dont 24 000 d'IR exonérée d'impôts. L'ambassadeur à Pékin gagne 21 000 euros ; à Washington, 20 000 ; celui à l'Otan, 19 000 ; à N'Djamena (Tchad) ou à Londres, 17 000 ; au Gabon ou à Oman, 15 000 ; en Afrique du Sud, 14 000 ; au Cap-Vert, 13 000 ; au Canada, 12 000 ; en Lettonie et à la FAO[1], à Rome, 11 000 ; et à Bruxelles, 10 000.

Ainsi, la plupart des ambassadeurs et leurs numéros deux – qui gagnent à peu près comme eux – sont mieux rémunérés, voire beaucoup plus, que le président de la République et le Premier ministre ! Depuis que François Hollande a, en 2012, décidé une baisse de 30 % des salaires des plus hauts responsables de l'exécutif, le chef de l'État et le Premier ministre reçoivent 14 900 euros brut par mois, dont une prime de 3 000 euros non imposable. Leurs revenus nets après impôt sont ainsi à peu près égaux à celui d'un ambassadeur qui gagnerait 12 000 euros, IR comprise. Autrement dit, plusieurs chefs de poste et leur adjoint

---

1. Organisation des Nations unies pour l'alimentation et l'agriculture.

touchent deux, voire trois fois plus que les hôtes de l'Élysée et de Matignon !

Beaucoup sont mieux rémunérés que les patrons des grandes directions de Bercy dont les revenus, selon un livre consacré au ministère de l'Économie, des Finances et de l'Industrie[1], plafonneraient à 17 000 euros net par mois. Mieux même que les administrateurs généraux des finances publiques – les anciens trésoriers-payeurs généraux –, dont les rémunérations totales ne dépasseraient pas 25 000 euros brut par mois[2]. La quasi-totalité des ambassadeurs gagne plus qu'un député – 13 500 euros brut par mois. Tous, y compris donc l'ambassadrice de France à Andorre par exemple, sont largement mieux payés que le secrétaire général du Quai d'Orsay (11 000), qu'un ministre (9 900) – dont celui des Affaires étrangères, leur patron –, ou que la maire de Paris (9 800).

On le voit, les ambassadeurs de France sont, quoi qu'ils en disent parfois, très bien traités. Il est vrai que ces diplomates de haut rang ne font pas toute leur carrière à l'étranger et qu'à Paris ils ne bénéficient pas d'IR très élevées[3]. Et il est probable que plusieurs auraient pu mener des carrières dans le privé plus rémunératrices.

« En revenant au Quai, j'ai divisé mon salaire par trois », affirme Kareen Rispal qui, après avoir été conseillère culturelle à New York, a passé plusieurs

---
1. Thomas Bronnec et Laurent Fargues, *Bercy, au cœur du pouvoir*, Denoël, 2011.
2. *Challenges*, 20 mai 2012.
3. Un directeur au Quai d'Orsay à Paris gagne aux alentours de 8 000 euros par mois (sources confidentielles).

années chez le cimentier Lafarge comme directrice des affaires publiques avant d'être rappelée par Laurent Fabius comme directrice des Amériques. Enfin, François de Callières avait sans doute raison quand il écrivait en 1716 dans son célèbre manuel de diplomatie : « Pour soutenir la dignité attachée à ces emplois, il faut [à un ambassadeur] que la magnificence par[a]isse de son train, dans sa livrée et dans le reste de son équipage ; que la propreté, l'abondance et même la délicatesse règnent sur sa table ; qu'il donne souvent des fêtes et des divertissements[1]... » Mais tout de même, quel fromage !

Pendant la durée de leur mission – de trois à six ans –, les chefs de poste et leurs adjoints peuvent épargner la quasi-totalité de leur revenu : de 120 000 euros par an à plus de 300 000, voire beaucoup plus s'ils sont mariés ou pacsés avec un(e) diplomate, puisque les IR des conjoints se cumulent[2]... De plus, ils ont très peu de dépenses personnelles : ils sont logés dans leur résidence officielle. Pas tout à fait gratuitement, toutefois, puisque l'État retient 15 % de leur revenu en guise de « loyer ». Grâce aux frais de représentation, qui leur permettent de convier régulièrement des hôtes à leur table, ils sont nourris aux frais de la République plusieurs fois par semaine, quand ce n'est pas, pour certains d'entre eux, à tous les repas.

---

1. *De la manière de négocier avec les souverains*, 1716, réédité par la Librairie Droz en 2002.
2. Depuis 2011, les deux IR de deux diplomates vivant ensemble à l'étranger subissent une décote de... 10 %.

LA QUESTION TABOUE

L'ambassadrice de France en Italie, Catherine Colonna, indique, par exemple, qu'en 2014 elle a organisé au palais Farnese, sa résidence à Rome, 502 réceptions payées sur ses frais de représentation qui s'élevaient à 143 800 euros cette année-là[1]. L'immense majorité dispose d'un chauffeur et au moins d'un agent de service. Et, cerise sur ce gâteau, tous les chefs de poste et leurs principaux collaborateurs reçoivent, depuis 2011, une prime annuelle selon leur performance – prime qui a été instaurée au cœur de l'été et dont le montant est, lui aussi, secret[2]... Bref, on comprend pourquoi beaucoup n'ont aucune envie de rentrer à Paris.

Pour rendre l'expatriation moins attractive, il a fallu instaurer un étrange dispositif. Selon le décret de 1967, si un fonctionnaire du ministère des Affaires étrangères – diplomate ou non – reste plus de six ans au même poste, son IR baisse de 25 %, de 55 % au-delà de neuf et de 85 % au-delà de douze. Comme si, au fil des ans, la raison d'être de cette prime s'évaporait...

Pour les ambassadeurs, le cas s'est présenté quelques fois ces dernières années : pour Claude Martin à Berlin de 1999 à 2007, Pierre Sellal à Bruxelles de 2002 à 2009 ou François Bujon de l'Estang à Washington de 1995 à 2002. À chaque reprise, l'indemnité en question n'a pas été réduite. « Ces dérogations sont logiques puisque seul le président de la République peut mettre fin à la mission d'un ambassadeur[3] », explique un haut responsable du Quai.

---

1. E-mail à l'auteur du 25 mai 2015.
2. Décret 2011-920 du 1er août 2011.
3. Entretien avec l'auteur, le 2 décembre 2015.

L'actuel représentant de la France en Arabie saoudite, Bertrand Besancenot, est dans cette situation très rare. Puisque les rois successifs ont demandé à l'Élysée son maintien, le malheureux diplomate est à Riyad depuis 2007, soit neuf ans, alors qu'il rêve d'être envoyé au Vatican. On lui a demandé[1] si son indemnité avait baissé d'un quart, comme cela est prévu par décret. Il n'a pas – encore – répondu...

---

1. E-mail de l'auteur du 3 décembre 2015.

8

À vendre, bijoux de famille

Entre eux, les initiés appellent cet immeuble huppé le « 2 ». Avec les autres, ils évitent d'en parler. De peur que le secret ne s'ébruite.

Jusqu'en 2014, le ministère des Affaires étrangères a logé, pour des loyers parfois ridicules, une quinzaine de ses dignitaires et leur famille dans un splendide bâtiment Art nouveau dont il était propriétaire à Paris. Cette sorte de phalanstère chic réservé à la nomenklatura diplomatique était située au 2, rue Huysmans, à deux pas du jardin du Luxembourg, dans le quartier le plus cher de la capitale.

Construit en 1919, cet édifice de sept étages a abrité le consulat allemand jusqu'à la fin de la Seconde Guerre mondiale. En 1944, le gouvernement de Gaulle l'a réquisitionné et attribué au Quai d'Orsay qui l'a transformé en immeuble d'habitation. Si bien que, pendant soixante-dix ans, des générations de secrétaires généraux, de directeurs et diplomates dûment cooptés ont vécu là, dans de vastes appartements haussmanniens. Une microsociété ultra sélecte… et logée au rabais !

Arrangement entre amis

C'est le directeur de cabinet du ministre qui sélectionne les heureux élus. Jusqu'au milieu des années 1990, les loyers étaient symboliques. « Un cinq-pièces de 120 mètres carrés coûtait royalement 200 ou 300 francs par mois [30 à 45 euros], c'est-à-dire rien, révèle un responsable de l'époque. Et pourtant beaucoup de ces messieurs, prétendument grands serviteurs de l'État, ne jugeaient pas utile de payer ces sommes dérisoires[1]. » Certains profitaient de ce système de prébendes au-delà de l'acceptable. « J'en ai vu qui possédaient un grand appartement à Paris : ils le mettaient en location et habitaient rue Huysmans aux frais de la République », déplore la même source.

C'est Alain Juppé, ministre des Affaires étrangères de 1993 à 1995, qui, le premier, s'attaque, mollement, à ce privilège d'un autre âge. Il ordonne que l'on établisse de nouveaux loyers. Mais pas aux prix du marché. N'exagérons rien… Le chef de la diplomatie ne veut pas se mettre à dos les hauts cadres du Quai, qui soit habitent au « 2 », soit en rêvent. Il fixe la norme : les loyers seront identiques à ceux des appartements loués par… la Mairie de Paris. Il ne choisit pas ce modèle au hasard. *Le Canard enchaîné*[2] révélera plus tard qu'à cette époque le ministre loue lui-même en douce, dans ce même VIe arrondissement, un 180 mètres carrés, propriété de la Ville de Paris, et cela, pour moins

---
1. Entretien avec l'auteur, le 8 octobre 2015.
2. *Le Canard enchaîné*, 6 juin 1995.

de 2 000 euros par mois, un tarif très en dessous du prix du marché. Les dignitaires du Quai seront donc désormais soumis au même régime, si agréable.

Clémente, la règle fixée par Juppé ne changera pas pendant les vingt années suivantes. « Nous payions 30 à 40 % moins cher que dans le privé, reconnaît l'un des derniers heureux bénéficiaires qui tient absolument à rester anonyme. Notez tout de même que notre situation était précaire : nous n'avions ni caution à avancer ni bail à signer. Cela dit, quand elle voulait que quelqu'un parte, l'administration donnait un an de préavis[1]... » Entre amis, on trouve toujours des arrangements...

Évidemment, lorsqu'en 2006 le Quai d'Orsay a été sommé, comme tous les ministères, de vendre une partie de ses biens immobiliers afin de renflouer les caisses de l'État, la hiérarchie de la maison n'a pas souhaité commencer par le « 2 ». Même si, contrairement aux ambassades, aux résidences ou aux consulats, l'immeuble ne servait en rien le prestige de la France, la nomenklatura a traîné les pieds aussi longtemps qu'elle a pu. En fait, elle a préféré que le Quai se sépare d'abord de certains de ses bijoux de famille à l'étranger. Cette résistance a duré huit ans !

La question a été mise sur le tapis par la CFDT juste après l'élection de François Hollande. En juillet 2012, le syndicat écrit une lettre ouverte au nouveau ministre des Affaires étrangères, Laurent Fabius, pour dénoncer ces prébendes qu'il juge scandaleuses : « Les appartements de l'immeuble de la rue Huysmans sont attribués

---

1. Entretien avec l'auteur, le 26 juillet 2015.

dans la plus grande opacité à quelques privilégiés du ministère. Les fenêtres de ces [logements] viennent d'être entièrement refaites, au moment où les services en centrale et à l'étranger se démènent au quotidien pour boucler leur budget de fonctionnement courant avec des solutions de fortune[1]. »

Selon la CFDT, le phalanstère est donc un « anachronisme inutilement coûteux pour le ministère à l'heure où il lui est demandé de prendre sa juste part à la réduction des déficits publics et où bon nombre d'agents sont confrontés aux difficultés de logement à Paris ». Si bien que le syndicat, proche du Parti socialiste, demande à Laurent Fabius d'en finir avec le « 2 ». De céder l'immeuble et, en bon ministre de gauche, « d'utiliser le produit de cette vente pour l'acquisition [...] de logements sociaux au bénéfice des agents du ministère qui en ont le plus la nécessité ».

Au grand désespoir des heureux locataires, le chef de la diplomatie, pressé par Bercy, accepte. Il l'annonce[2] au Parlement en octobre 2012. La mise en vente à la découpe commence l'année suivante. Et, début 2014, un premier appartement de 99 mètres carrés est cédé aux enchères pour 1,36 million d'euros – soit plus de 13 000 euros le mètre carré ! La seconde requête de la CFDT ne sera pas, elle, suivie d'effet. Le produit de la vente des autres appartements, estimé à plus de 20 millions d'euros, ne servira pas à accroître le parc

---

1. Lettre à Laurent Fabius du 27 juillet 2012 signée par la secrétaire générale adjoint de la CFDT-MAE, Raphaëlle Lijour.
2. Audition de Laurent Fabius devant la commission des Affaires étrangères du Sénat, le 16 octobre 2012.

des logements sociaux mais à rénover... l'hôtel du ministre au 37, quai d'Orsay !

« Sérieuses défaillances »

Privilège, opacité, devis explosé, engagements non tenus... Depuis des années, la haute hiérarchie des Affaires étrangères gère particulièrement mal le patrimoine immobilier du ministère en France. Cette incurie exaspère la Cour des comptes, qui a produit pas moins de trois rapports sur le sujet. En février 2015, elle rappelle[1] qu'elle a alerté cinq ministres successifs sur de « sérieuses défaillances » en la matière et que rien n'a changé.

Les exemples de la gabegie sont légion. Prenons le bâtiment flambant neuf, construit à La Courneuve et destiné à abriter les archives de la maison. La Cour note que les administrateurs du Quai ont prévu une salle de lecture de 210 places alors qu'elle n'est utilisée, en moyenne, que par trente-six lecteurs, avec, il est vrai « une pointe de 50, en juillet » précise-t-elle malicieusement...

Dans le nouveau bâtiment de la rue de la Convention, l'ancienne Imprimerie nationale, le ministre Kouchner avait instamment demandé qu'il n'y ait pas de cloison. Vive l'*open space*. Puis, quand tous les travaux ont été

---

1. « Les opérations immobilières du ministère des Affaires étrangères en région parisienne : un bilan insatisfaisant », rapport annuel public de la Cour des comptes, février 2015.

133

effectués, il a changé d'avis. Coût de la lubie : trois millions d'euros !

Et voilà qu'une deuxième instance tire la sonnette d'alarme. Dans un avis de janvier 2015[1], le Conseil de l'immobilier de l'État, un organisme consultatif auprès du ministre du Budget, apporte d'autres détails croustillants sur la désinvolture qui règne, depuis des années, au service immobilier du Quai d'Orsay. Il rappelle, en particulier, qu'en 2006 le ministère s'était fixé comme objectif de réduire le nombre de ses bâtiments administratifs à Paris de dix à trois. Or « cet objectif ne sera atteint qu'en 2021, soit quatorze ans [plus tard] », remarque-t-il, médusé par tant de lenteur. Le Conseil est charitable : il ne nomme pas le responsable des affaires immobilières de 2006 qui a si mal planifié les opérations, un énarque qui fera ensuite une très belle carrière au Quai…

Cette instance est aussi sévère sur la période Fabius. Une « programmation de la rénovation » du site du quai d'Orsay a été établie fin 2014, écrit-il abasourdi, alors que d'importants travaux avaient déjà été réalisés. Autrement dit, les gestionnaires des fonds publics avancent les yeux bandés, incapables de planifier quoi que ce soit. Comme la Cour des comptes, le Conseil de l'immobilier s'insurge contre ce cruel « manque de formation à la maîtrise d'ouvrage des fonctionnaires ». Assommé par tant de critiques, Laurent Fabius annoncera, en février 2015, l'embauche de « trois experts immobiliers ». Mieux vaut tard que jamais.

---

1. Avis 2015-02 du Conseil de l'immobilier de l'État pris en séance du 14 janvier 2015.

À VENDRE, BIJOUX DE FAMILLE

À l'étranger, le bilan n'est guère plus brillant. Un énarque dirait qu'il est « contrasté ». En dix ans, le Quai, sans cesse aiguillonné par le Trésor, s'est défait de près de deux cents propriétés à travers le monde sur un total de plus de mille – soit une recette totale de 500 millions d'euros sur un patrimoine total évalué à plus de quatre milliards d'euros. Un grand nombre de ces biens, c'est vrai, encombrait son patrimoine.

« Du fait de la colonisation, le ministère possédait encore des villas et des appartements dans le Maghreb et ailleurs dans l'ex-empire qu'il n'avait aucune raison de conserver[1] », explique le sénateur Yung, rapporteur du budget du ministère. D'autres propriétés étaient, à l'évidence, trop luxueuses. À Monaco, l'ambassadeur de France – dont on se demande à quoi il occupe ses journées – habitait dans une somptueuse maison de pur style Belle Époque, la villa Trotty. Sa vente a rapporté cinquante millions d'euros et l'ambassadeur s'est installé dans un appartement plus modeste, mais de standing largement suffisant pour une fonction à l'utilité contestable.

À Tokyo, le Quai a réalisé un joli coup. Il est l'heureux propriétaire d'un terrain de 24 000 mètres carrés situé dans le quartier huppé de Minami-Azabu et qui, de ce fait, vaut une fortune. En 2007, il propose un montage très malin à un consortium immobilier franco-japonais. Comme la loi japonaise le permet, il lui cède une partie de ce splendide terrain pour une durée limitée – cinquante-trois ans, exactement. Les promoteurs y

---
1. Entretien avec l'auteur, le 23 septembre 2015.

construisent un immeuble résidentiel de luxe qu'ils revendront avec profit à la découpe. En échange, ils reconstruisent à leurs frais une nouvelle chancellerie et s'occuperont de son entretien pendant quinze ans.

Le ministère fait d'autres affaires juteuses en se séparant de logements de fonction trop prestigieux ou inadaptés. À New York, l'ambassade de France aux États-Unis logeait des cadres du service culturel dans une maison de 1 500 mètres carrés située sur la 5e Avenue, l'une des adresses les plus chères au monde. En ces temps de disette budgétaire, il n'était pas superflu de s'en séparer. Sa vente rapporte une belle somme à l'État : 32 millions d'euros. À Hongkong, la résidence du consul, une superbe bâtisse du XIXe siècle construite dans le quartier le plus huppé de la ville, le Peak, est vendue 52 millions d'euros. À Séoul, le Quai cède l'appartement du premier conseiller pour 2,7 millions d'euros. À Londres, la vente d'un logement de fonction rapporte 2,2 millions. À Buenos Aires, la résidence de l'ambassadeur est cédée 8 millions, en échange on achète un très bel appartement de 2,8 millions. Le consul de France à San Francisco doit déménager. Située dans le quartier chic de Pacific Heights, sa résidence, une belle villa des années 1920, est lâchée pour 7 millions. À Jakarta, c'est 3,6 millions d'euros que rapporte la vente de l'appartement destiné au conseiller culturel, qui n'avait sans doute pas besoin d'un tel logement.

Une frénésie de vente

Le Quai, lui, a besoin de cet argent frais. Depuis 2006, il ne reçoit plus un centime du budget de l'État pour financer ses acquisitions immobilières ni ses rénovations ni même les reconstructions de bâtiments – comme l'ambassade en Libye, très endommagée par un attentat en 2013. Aussi incroyable que cela paraisse, il ne peut compter que sur le produit des cessions. Il a obtenu une dérogation de Bercy : jusqu'en 2014, il peut garder l'intégralité des sommes collectées, quand les autres ministères – Défense mis à part – doivent en reverser un tiers au Trésor pour le remboursement de la dette de l'État.

Mais, depuis 2015, plus de privilège. Le Quai est obligé d'apporter son obole au budget national : 25 millions d'euros par an – et même cent millions en 2016 pour une raison que nous allons voir. Si bien que l'entretien et la rénovation des biens immobiliers de la France à l'étranger ne pourront se faire qu'à concurrence de la part des recettes de cession supérieures à 25 millions d'euros. Donc, si, pour une raison ou une autre, elle est inférieure, rien ne pourra être entrepris, même pour l'entretien courant des bâtiments. Une gestion hallucinante du patrimoine de l'État !

Du coup, le Quai est saisi d'une frénésie de vente. À tel point que, selon plusieurs parlementaires, il cède certaines des plus belles emprises diplomatiques – pour reprendre le jargon du Quai – au détriment du prestige de la France. « Abandonner, en période de crise, certains bâtiments peut donner l'impression d'un affaiblissement de la France[1] », déclare l'ancien Premier ministre Jean-Pierre Raffarin, président de la commission des Affaires étrangères du Sénat, lors du débat budgétaire 2016.

La critique n'est pas toujours justifiée. À Kuala Lumpur, en Malaisie, la France possédait, en plein centre-ville, un immense campus diplomatique qui s'étendait sur trois hectares, avec un lac et un parc où l'on croisait singes, varans et même cobras. Le quartier, qui était autrefois celui des ambassades, est devenu en quelques années le secteur des affaires. D'immenses tours ont poussé. La plupart des représentations étrangères ont déménagé.

Alléché par les prix du mètre carré, le Quai d'Orsay a décidé de faire de même. Pour être sûr de réaliser une bonne opération, il a, en 2014, promu son directeur des Affaires immobilières, Christophe Penot, ambassadeur de France en Malaisie, pour qu'il supervise lui-même la transaction. Il en a tiré une petite fortune : 193 millions d'euros – soit presque les deux tiers du total de ce que le ministère a récolté depuis 2006 ! Du coup, le Trésor a décidé qu'il garderait exceptionnellement la moitié du montant de la vente. Ce qui n'a pas dû arranger les relations détestables entre le Quai et Bercy.

---

1. Examen en commission, le 18 novembre 2015.

À VENDRE, BIJOUX DE FAMILLE

Opération Park Avenue

Dans d'autres cas, l'indignation des parlementaires est légitime. À New York, la résidence de notre représentant à l'ONU était un duplex somptueux de dix-huit pièces installé au 740 Park Avenue. Cet immeuble, construit en 1929 par le grand-père de Jackie Kennedy et où la future « First Lady » a grandi, est l'adresse la plus chic de la ville. Des milliardaires, tels David Koch, le grand financier du Parti républicain, et Ronald Lauder, le propriétaire de la compagnie de cosmétiques Estée Lauder, y côtoient la styliste Vera Wang et un grand producteur de showbiz. La mise en vente de l'appartement, en 2014, a été un événement dans la jet-set.

« Toutes les grandes fortunes de la ville l'ont visité[1] », déclare le représentant français à l'époque, Gérard Araud. Finalement, un voisin de palier, l'homme d'affaires Israel Englander, propriétaire du *hedge fund* Millenium, qui voulait agrandir son propre appartement de Park Avenue, a fait la meilleure offre : 70 millions de dollars, soit 51 millions d'euros. Banco ! Une belle culbute, comme on dit dans l'immobilier, puisque l'État français l'avait acheté 900 000 dollars en 1979, soit l'équivalent de 2 millions d'aujourd'hui.

Une excellente opération, mais fallait-il vraiment se défaire d'un bien si exceptionnel ? Le Quai d'Orsay affirme qu'il n'avait plus les moyens d'entretenir ce

---
1. Entretien avec l'auteur, le 27 juillet 2015.

700 mètres carrés dont les charges étaient considérables – 30 000 dollars par mois[1] ! – et qu'il fallait profiter d'un marché immobilier exceptionnellement élevé. Mais la France est l'un des cinq membres permanents du Conseil de sécurité – un atout diplomatique unique et menacé. Beaucoup de pays se demandent pourquoi cette puissance moyenne est encore assise à la table des Grands. La prestigieuse résidence de Park Avenue permettait à notre représentant à l'ONU de recevoir ses homologues de façon exceptionnelle et, ainsi, de montrer au monde que la France veut – et peut – tenir son rang. Au lieu de quoi, son premier diplomate est désormais installé dans une maison sans caractère de trois étages sur la 62e Avenue.

Certes, l'équipe immobilière de l'ambassade de France aux États-Unis, qui s'est occupée de toute l'opération, avait trouvé bien mieux. Pour remplacer le 740 Park Avenue, elle était sûre de mettre la main sur un autre appartement de prestige à Manhattan : un quatorze pièces de 460 mètres carrés dans un magnifique immeuble Art déco, le River House, avec vue panoramique sur l'East River et toute la ville. Elle a fait une offre : 7,2 millions de dollars. Mais elle n'a pas assez cajolé les copropriétaires.

Or, l'une d'entre elles, la mondaine Elizabeth Kabler, fille d'une ancienne chef du protocole du président Ronald Reagan, a rameuté ses voisins. Selon le *Wall Street Journal*[2], elle leur a adressé un courrier expliquant

---
1. E-mail du directeur général de l'administration à l'auteur du 3 avril 2015.
2. *Wall Street Journal*, 23 juillet 2014.

qu'il n'était pas « dans leur intérêt de cohabiter avec des émissaires étrangers », susceptibles d'organiser des réceptions bruyantes. Si bien qu'ils ont mis une condition à la vente : que l'ambassadeur français organise un nombre très limité de réceptions – ce qu'évidemment il a refusé. Du coup, l'équipe immobilière a dû trouver en urgence une autre résidence. Sous pression, elle a fait une très mauvaise opération : elle a déboursé plus que prévu – dix millions de dollars – pour la maison sans cachet de la 62e Avenue. Et voilà comment, pour récolter cinquante millions d'euros, la France s'est défaite d'un instrument de prestige qui contribuait à légitimer son siège au Conseil de sécurité.

Encore le Qatar

De même fallait-il céder le palais Clam-Gallas à Vienne ? Cet hôtel particulier du XIXe, monument historique néoclassique connu de tous les Autrichiens, abritait, depuis les années 1950, l'Institut français et, dans son magnifique parc, le lycée français de Vienne. Une pétition contre la cession de ce lieu, auquel la communauté francophone était très attachée, a recueilli cinq mille signatures dont celle de la double Palme d'Or à Cannes, le cinéaste Michael Haneke. Le maire de la capitale autrichienne, comme le Premier ministre et même le président de la République, tous trois sociaux-démocrates, sont intervenus auprès de l'Élysée. Mais rien n'y a fait. En novembre 2015, le palais, « symbole de la coopération mise en place entre les deux pays après la Seconde Guerre mondiale » comme le souligne le sénateur Yung, a été vendu 30 millions d'euros à l'inévitable Qatar.

Et bientôt ce sera le tour de l'ambassade et du consulat général de France à Londres, situés pourtant juste en face de Hyde Park, un quartier très recherché.

Certes, le Trésor et les parlementaires très attachés au redressement des comptes publics poussent le ministère des Affaires étrangères à vendre à tour de bras. Certains regrettent même que les sommes ainsi récoltées servent, en partie depuis 2015, à la réfection des implantations diplomatiques ou à l'achat de nouvelles, plus modestes. « On peut se demander si les restructurations d'ambassades doivent être financées au détriment du désendettement de l'État[1] », écrit le député Jean-Louis Dumont, rapporteur spécial sur la gestion du patrimoine immobilier de l'État. Mais cette injonction permanente n'explique pas tout. Sa quête effrénée d'argent fait parfois oublier au Quai d'Orsay jusqu'à sa raison d'être.

En avril 2013, son ambassadeur en Allemagne, Maurice Gourdault-Montagne annonce la mise en vente de la Maison de France à Berlin. Avec son cinéma Le Paris, son café Le Voltaire et sa salle d'exposition, cet immeuble de 4 000 mètres carrés est un espace culturel très connu des Berlinois et de la nombreuse communauté française. Un lieu, créé au début des années 1950,

---

1. Rapport sur la gestion du patrimoine immobilier de l'État, Jean-Louis Dumont, 9 octobre 2014.

hautement symbolique de la réconciliation franco-allemande. En partie détruit en 1985 par un attentat attribué à Carlos, il a été restauré et inauguré par François Mitterrand et Helmut Kohl en 1991, quelques mois après la chute du Mur et le « oui » de Paris à la réunification allemande.

François Hollande et Laurent Fabius sont sommés de préserver cet héritage de leur maître à penser. Une pétition contre la vente récolte 14 000 signatures. Des artistes, des hommes politiques de tous bords font connaître leur profond désaccord. Si bien qu'en janvier 2014 le chef de la diplomatie est contraint d'annoncer l'abandon de ce projet si contraire à l'une des missions essentielles de son ministère : promouvoir et enrichir l'amitié entre la France et l'Allemagne. Même le député Jean-Louis Dumont, rapporteur spécial sur la gestion du patrimoine immobilier de l'État, s'en réjouit. En octobre 2014, il assure qu'il était hostile à cette vente, « rappelant que le souci d'économies budgétaires ne pouvait pas entraîner le risque de fragiliser le rayonnement linguistique et culturel de notre pays[1] ». En effet.

Abel Lanzac fait de la résistance

Certains, à l'intérieur du Quai, organisent la résistance. Un cas est particulièrement éclairant, celui d'un jeune homme aussi talentueux qu'ambitieux : Antonin Baudry, alias Abel Lanzac. C'est sous ce nom d'emprunt que cet X normalien a publié la bande dessinée à

---

1. *Ibid.*

succès *Quai d'Orsay*[1], dans laquelle il relate les aventures du cabinet de Dominique de Villepin, dont il était l'une des plumes – il est aussi coscénariste du film du même nom de Bertrand Tavernier[2].

En 2010, Antonin Baudry occupe, à trente-cinq ans, le poste très recherché de conseiller culturel à New York, dont les bureaux se situent sur la 5ᵉ Avenue, au 972, en face de Central Park, dans un magnifique hôtel particulier, la Payne Whitney House, propriété de l'État français depuis les années 1950.

Dès son arrivée, le ministère l'informe qu'il envisage de céder le bâtiment construit en 1902 et estimé à 70 millions de dollars. Les services culturels seraient rapatriés dans l'ambassade de France à Washington. Comment empêcher cette vente qui priverait la France d'un lieu de prestige et de rayonnement aux États-Unis, plus particulièrement à New York, ville phare de l'Occident – et les employés de la mission culturelle d'un cadre de travail exceptionnel ? Baudry échafaude alors un plan très astucieux, si ce n'est tout à fait légal...

Tout commence quand la dernière librairie française de New York, située dans le Rockefeller Center, ferme ses portes fin 2009. Des compatriotes se plaignent auprès du président Sarkozy lors d'une de ses visites à New York. Le chef de l'État demande que l'on étudie les moyens d'en ouvrir une autre. Baudry saute sur

---

[1]. Abel Lanzac et Christophe Blain, *Quai d'Orsay. Chroniques diplomatiques*, Dargaud, 2010. Un deuxième tome est publié en 2011 chez le même éditeur, qui obtiendra le Fauve d'or d'Angoulême, prix du meilleur album.
[2]. *Quai d'Orsay* de Bertrand Tavernier, 2013.

l'occasion. Il propose de faire appel à des mécènes français ou francophiles qui aiment la Payne Whitney House afin qu'ils financent l'ouverture d'une telle librairie dans l'édifice même ; et de conditionner cette aide au maintien du bâtiment dans le patrimoine de la République. D'une pierre deux coups ! Le ministre des Affaires étrangères de l'époque, Alain Juppé, donne son feu vert. Un peu trop vite ?

Et Albertine apparut...

Avec le soutien du maire de New York, Michael Bloomberg, Baudry récolte 5,5 millions de dollars auprès de grosses fortunes françaises et américaines, tels Matthieu Bucaille, directeur général de la banque Lazard, Michel David-Weill ou Robert de Rothschild ; des grands groupes aussi comme Total, LVMH, la Société générale ou Van Cleef and Arpels. Comme prévu, tous les dons sont conditionnés à la non-vente de l'édifice par l'État français. Les financiers du Quai sont coincés.

Le projet aboutit trois ans plus tard. Le 27 septembre 2014, Laurent Fabius inaugure, au rez-de-chaussée de la Payne Whitney House, la nouvelle librairie appelée « Albertine », du nom de l'un des personnages de Marcel Proust, à la demande d'un généreux donateur. Une plaque est apposée à l'entrée du lieu. Elle vient rappeler que « la République française est extrêmement reconnaissante envers les mécènes [...] de leur incroyable générosité, de leur volonté de préserver l'hôtel particulier Payne Whitney et de créer l'espace culturel Albertine ». Le jeune conseiller a réussi son double coup. En avait-il le droit ?

En juin 2015, des inspecteurs du Quai s'intéressent au montage imaginé par Antonin Baudry. Dans un rapport remis en août, ils soulignent « la fragilité du dispositif Albertine ». Ils expliquent que, le 28 octobre 2011, le département d'État a écrit au service culturel de l'ambassade de France aux États-Unis. Dans cet e-mail, il a rappelé que, en dehors du travail strictement diplomatique, seules des activités caritatives sont, d'après la convention de Vienne, tolérées dans un consulat ou une ambassade. Vendre des livres dans l'immeuble la Payne Whitney House serait donc interdit.

« Faux, rétorque Antonin Baudry. Au tout début de l'opération, j'ai fait réaliser une étude juridique qui n'a relevé aucun obstacle[1]. » Il assure que les « autorités américaines ont été informées et associées à l'ouverture et à l'inauguration d'Albertine et qu'elles n'ont pas soulevé la moindre objection ».

Places de ciné, cours de langue…

« Cette idée de vice de forme est fantaisiste, ajoute-t-il, sauf à remettre carrément en question la capacité du Quai d'Orsay à vendre des cours de langue, des services pour les étudiants et des places de cinéma dans l'ensemble des instituts dans le monde[2]. » Certes, il

---
1. Entretien avec l'auteur, le 14 septembre 2015.
2. E-mail à l'auteur du 24 septembre 2015.

s'agit d'une simple tolérance au regard de la convention de Vienne, mais cette bienveillance permet de financer une bonne partie de l'action culturelle extérieure de la France ! Antonin Baudry explique que « des places de cinéma, de spectacles ainsi que des services aux étudiants américains sont vendus au sein des locaux de l'Ambassade de France à Washington depuis des années[1] ». Il révèle que « cela représentait en 2013 plus du tiers du budget du service culturel aux États-Unis ».

« Fantaisiste » ou non, le rapport des inspecteurs conduira-t-il à la fermeture d'Albertine et à la vente du bâtiment ? « Pour la librairie, nous allons chercher une solution avec le département d'État, explique un haut responsable du Quai. Mais je ne vois pas comment nous pourrions vendre le Payne Whitney sans irriter les sponsors et décourager les prochains... »

L'opération booste la carrière d'Antonin Baudry. Quelques jours après l'ouverture de la librairie, Laurent Fabius le propulse, à la surprise générale, président de l'Institut français, opérateur de l'action culturelle du ministère. Jusque-là, le candidat pressenti était un autre jeune loup, ancien ambassadeur à Haïti et directeur du centre de crise du Quai : Didier Le Bret, compagnon de Mazarine Pingeot, la fille de François Mitterrand, ce qui, sous un gouvernement de gauche, ne doit pas handicaper sa carrière. Mais Fabius change d'avis[2]. Du jour au lendemain. Bien mal lui en prend.

---

1. E-mail à l'auteur du 26 janvier 2016.
2. Didier Le Bret sera finalement nommé coordonnateur du renseignement à l'Élysée, le 3 juin 2015. Voir le chapitre « Fausses barbes et grandes oreilles », p. 276.

Investi officiellement en janvier 2015, Antonin Baudry démissionne en avril. Certains affirment que Bercy lui aurait refusé le salaire qu'il demandait, émoluments que Laurent Fabius, lui, aurait acceptés. « Ce n'est pas vrai, répond l'intéressé. Je suis parti parce que l'Institut français est une bureaucratie qui étouffe l'énergie de ceux qui y travaillent et que je voulais faire totalement autre chose[1]. » Devenu éditeur parisien de la revue américaine de littérature *The Paris Review*, Abel Lanzac écrit un nouveau film.

---

1. Entretien avec l'auteur, le 14 septembre 2015.

9

Privatisation cachée

L'opinion publique ne le sait pas encore. Les spécialistes des relations internationales non plus. Pourtant le fait est là, qui saute aux yeux dès que l'on s'intéresse de près à la gestion du ministère des Affaires étrangères : celui-ci vit désormais aux crochets de grands groupes privés et de riches donateurs.

Voici une histoire emblématique de cette dépendance croissante du Quai d'Orsay envers ce que d'aucuns appellent « le grand capital ». À Shanghai, notre consul général loge dans une résidence sublime de trois étages classée « monument historique », la villa Basset, du nom de son premier propriétaire qui l'a fait construire en 1921 au cœur de la concession française. Cette gigantesque maison de style méditerranéen, avec jardin et pavillon de thé, borde l'avenue Huaihaï, les « Champs-Élysées » de la capitale économique de l'Asie. Depuis 1980, quand les autorités chinoises l'ont mise à sa disposition, le Quai d'Orsay dépense une fortune pour sa location et son entretien.

Lorsqu'Emmanuel Lenain est nommé consul général de France à Shanghai, fin 2010, le ministère le prévient aussitôt qu'il doit se trouver une résidence moins chère.

Au bout de quelques mois, cet énarque proche de Dominique de Villepin propose une autre solution à Paris : un contrat avec le groupe Pernod Ricard, l'un des leaders mondiaux de spiritueux, dont le quartier général en Chine se trouve à Shanghai. Le distributeur du cognac Martell, du whisky Chivas et du célèbre Pastis 51 paiera une grande partie des charges de la villa Basset. En échange, l'entreprise pourra y organiser gratuitement cinq soirées par an. Le Quai accepte cet arrangement sans précédent, qui tient toujours. « Un tel accord évite d'avoir à louer la résidence à n'importe quelles entreprises comme cela se fait de plus en plus pour renflouer les caisses[1] », explique Emmanuel Lenain, que Laurent Fabius bombardera, en 2015, patron de la direction Asie du Quai d'Orsay.

Servitudes du métier de diplomate... Depuis quelques années, le ministère des Affaires étrangères exige des ambassadeurs, des consuls et des conseillers culturels qu'ils rapportent de l'argent – de plus en plus d'argent. Par tous les moyens. Au point que certains se disent dégoûtés par cette financiarisation de leur profession et envisagent de quitter la carrière. « J'en ai marre de passer mon temps à faire la manche, confie l'un d'entre eux qui veut rester anonyme, on ne sait jamais. Je ne suis pas devenu diplomate pour "taper" des entreprises[2]. » D'autres pointent le risque d'une perte d'indépendance vis-à-vis de firmes dont les intérêts ne sont pas forcément ceux de la nation et de

---
1. Entretien avec l'auteur, le 7 décembre 2015.
2. Entretien avec l'auteur, le 26 août 2015.

l'État. Quant à la majorité, elle se plaint d'un surcroît de travail. « Chercher sans cesse du fric, c'est épuisant[1] », déplore une ambassadrice.

Sponsors pour *garden-party*

Tout a commencé avec les réceptions du 14-Juillet. En 2007, consigne est donnée à tous les postes d'autofinancer ces garden-parties annuelles. Pas d'argent frais, pas de petits fours. Seulement voilà : « Les entreprises ne donnent rien sans contrepartie, explique un haut responsable du Quai, il faut qu'elles y trouvent leur compte[2]. » Au début, la plupart des ambassadeurs se contentent d'inscrire leur logo sur le carton d'invitation et de les remercier chaleureusement dans leur allocution de bienvenue. « Je ne saurais terminer mon discours sans exprimer toute ma gratitude aux entreprises qui soutiennent la célébration de ce 14-Juillet[3] », déclare, par exemple, l'ambassadeur à Rabat, Charles Fries, qui prend le temps de les citer toutes : « Renault, Sanofi, Lafarge, Saint Gobain, BMCI [banque marocaine filiale de la BNP] et Smadire [une petite entreprise locale qui fait dans la plomberie et la climatisation, évidemment ravie d'être en si bonne compagnie]. »

Mais la compétition pour attirer des sponsors est si rude que ces bonnes paroles ne suffisent plus. Il faut

---

1. Entretien avec l'auteur, le 27 août 2015.
2. Entretien avec l'auteur, le 30 septembre 2015.
3. Discours du 14 juillet 2015. Voir le site de l'ambassade de France au Maroc.

proposer de nouveaux « trucs » concrets chaque année. « À Pékin, je faisais inscrire le nom des donateurs sur un kakémono[1], une grande affiche que l'on accrochait bien en évidence à l'entrée de la résidence, raconte Sylvie Bermann, ambassadrice en Chine de 2011 à 2014. En échange de leur contribution, les sponsors avaient aussi le droit d'inviter leurs clients à la réception. À ceux qui donnaient beaucoup, on offrait la mise à disposition de ma résidence pour une soirée[2]. »

Au Kenya, le représentant français accueille différemment les généreux sponsors du 14-Juillet selon le montant de leur contribution. Pour 2 000 euros, il les intègre parmi les *gold*, ceux qui sont autorisés à installer un stand de leur entreprise au cœur de la réception. C'est ainsi qu'en 2014 Total et Orange ont planté leurs tentes dans les jardins de la résidence de France le jour de la fête nationale. Une bonne opération pour l'ambassadeur Rémi Maréchaux, ancien directeur de la stratégie de la DGSE, qui a pu ainsi récolter 50 000 euros et offrir beaucoup de petits fours et de champagne à ses invités.

Pour obtenir la même somme, l'ambassadeur au Canada, Nicolas Chapuis, a dû, lui, payer de sa personne. Ce n'est pas que les sponsors du pays rechignent à lui rendre visite. Sa résidence des années 1930, l'une des plus belles de la ville, jouxte celle du Premier ministre local et abrite des trésors de la décoration intérieure style Art déco. Mais une vue plongeante et des

---
1. À l'origine, peinture ou calligraphie japonaise, encadrée en rouleau, sur papier ou sur soie, que l'on accroche au mur.
2. Entretien avec l'auteur, le 8 octobre 2015.

statues de femmes dénudées ne suffisent plus à décrocher quelques milliers de dollars. Il faut de l'exclusif. « Pour les donateurs, j'organise un cocktail privé avec accès aux ministres présents, explique Nicolas Chapuis. Les plus gros, auxquels je confère le rang de "platine", ont droit à un dîner avec moi[1]. » Et curieusement, ça marche.

Anodins, ces petits arrangements du 14-Juillet ? Pas sûr. « Quand on a négocié dur pour obtenir 1 000 ou 2 000 euros auprès d'une entreprise locale, parce que les grandes en ont assez d'être sollicitées, il faut parfois renvoyer l'ascenseur, confie un ambassadeur dans un pays européen. Un jour, un patron qui m'avait aidé à boucler mon 14-Juillet m'a demandé de lui organiser des rendez-vous auprès de gens haut placés à Paris. J'ai été obligé de m'exécuter, sinon l'année d'après je n'aurais pas eu un sou. Autrement dit, j'ai perdu un peu de ma liberté[2]. »

Un chef de poste en Afrique a eu à traiter une requête plus désagréable encore. « Le responsable local d'un grand groupe français avait l'habitude de financer largement la réception du 14-Juillet, raconte-t-il. Un jour, Paris m'a demandé de vendre les quelques villas que l'État possédait encore dans [cette capitale]. Cet homme l'a su et m'a fait le chantage suivant : tu me fais un prix sur l'une de ces maisons, et je continue à payer ta réception ; sinon, je coupe le robinet. J'ai refusé évidemment, et depuis je galère chaque année pour boucler

---

1. Entretien avec l'auteur, le 28 mai 2015.
2. Entretien avec l'auteur, le 9 avril 2015.

le budget de ce p... de 14-Juillet[1]. » Un troisième se demande comment il va trouver de l'argent pour financer le dîner gastronomique annuel que Laurent Fabius a institué, le 19 mars 2015, pour promouvoir « le goût de France » dans toutes les ambassades.

« Cracher du cash »

Désormais, c'est toute l'année que les résidences doivent « cracher du cash », comme dit un ambassadeur. « On nous exhorte fortement à les louer le plus souvent et le plus cher possible », confie un autre. Même au Vatican. Lorsqu'il était envoyé près le Saint-Siège, de 2012 à 2015, Bruno Joubert a mis la magnifique villa Bonaparte à la disposition de banques et grandes entreprises à trois reprises. Il facturait chaque soirée 8 000 euros. À Pékin, Sylvie Bermann est parvenue à soutirer plus de 40 000 euros – 300 000 yuans – à Cartier en une seule opération. À Londres, elle loue sa résidence une fois par mois. « J'en reverse un tiers à Paris, explique-t-elle. C'est avec les 70 % restants que nous réalisons l'entretien et les petits travaux dans l'ambassade, puisqu'ils ne sont plus financés par le budget général[2]. »

Les inégalités sont criantes. Au Maroc, l'ambassadeur peut louer sa splendide résidence de 1 900 mètres carrés, conçue par un disciple de Le Corbusier, à Peugeot, pour le lancement de son dernier modèle ou à Roche Bobois,

---
1. Entretien avec l'auteur, le 24 juin 2015.
2. Entretien avec l'auteur, le 8 octobre 2015.

à l'occasion de la sortie d'une nouvelle ligne. Il peut facturer chaque événement plusieurs dizaines de milliers d'euros. Ailleurs, il faut se contenter de beaucoup moins. « Ma résidence est toute défraîchie et pas très bien placée. Quand j'arrive à en tirer 800 euros pour une soirée, c'est le bout du monde[1] ! » peste Michel Miraillet, ambassadeur à Abu Dhabi, aux Émirats arabes unis.

Rares sont les ambassadeurs qui tiennent tête à la maison mère et refusent cette marchandisation. Les trois derniers ambassadeurs de France aux États-Unis ont pourtant dit non à toutes les requêtes de la direction générale du Quai visant à louer la résidence de Kalorama – du nom de la rue qui la longe – à Washington. « Cela aurait nuit à la magie du lieu[2] », assure Pierre Vimont, ambassadeur de 2007 à 2010. Cette bâtisse de style Tudor de dix-neuf chambres, où loge l'ambassadeur de France aux États-Unis depuis 1936, et à l'entrée de laquelle trônent des portraits de Lafayette et Rochambeau, vient d'être profondément rénovée.

« Les murs étaient en train de s'effriter, la cuisine était à bout de souffle et l'air conditionné marchait un jour sur deux[3] », raconte François Delattre, ambassadeur de 2011 à 2014, qui a lancé les travaux. Coût de l'opération : 4,5 millions de dollars. Pourtant, pas question de la louer. « C'est un instrument essentiel

---
1. Entretien avec l'auteur, le 16 avril 2015.
2. Entretien avec l'auteur, le 17 juillet 2015.
3. Entretien avec l'auteur, le 23 juillet 2015.

pour le rayonnement de la France à Washington, assure l'actuel représentant français, Gérard Araud. Il ne faut pas le galvauder[1] ! »

Depuis 2009, Kalorama occupe une place à part dans le paysage mondain de la capitale américaine. Cette année-là, Pierre Vimont la prête, pour la première fois, à *Vanity Fair*. Traditionnellement, le magazine organise l'*afterparty* qui suit le dîner annuel des correspondants de la Maison-Blanche – la soirée la plus courue de la ville. L'édition 2009 à Kalorama est un immense succès. « Michelle et Barack Obama, qui venait juste d'être intronisé, sont venus, tous les nouveaux ministres et beaucoup de célébrités aussi comme George Clooney et Angelina Jolie[2] », pavoise Pierre Vimont. Le pli est pris.

Kalorama devient à ce point célèbre qu'à la fin de sa rénovation, début 2015, le *Washington Post Magazine* lui consacre sa couverture. Un coup de pub très utile. Car, si elle n'est pas louée, la résidence, décorée de tableaux venus de Versailles et du Louvre, sert à organiser des dîners de *fund raising*[3] pour les activités culturelles de l'ambassade, dont le budget en la matière est ridicule. « Le conseiller culturel reçoit 3 millions d'euros par an, tout juste de quoi payer les salaires de son service, révèle un diplomate en poste aux États-Unis. Pour monter la moindre opération, il faut trouver des sponsors et des mécènes[4]. »

---
1. Entretien avec l'auteur, le 30 juillet 2015.
2. Entretien avec l'auteur, le 17 juillet 2015.
3. Collecte de fonds.
4. Entretien avec l'auteur, le 29 juillet 2015.

C'est dans le domaine culturel que cette privatisation rampante du Quai est la plus évidente. « Normal, lance un haut responsable du ministère, les budgets ont diminué d'un tiers en moins de dix ans[1]. » Quand le Goethe-Institut allemand dispose d'un budget de 288 millions et le British Council de 242, l'effort de la France tombe à 190 millions[2].

La culture sous l'emprise de Total

Trois exemples récents montrent l'inquiétant désengagement de l'État en la matière. En 2014, le groupe de BTP Eiffage, qui a construit la seule autoroute du Sénégal, a gracieusement rénové l'Institut français à Dakar. En échange de quoi ? Mystère. À Londres, la réfection du célèbre cinéma Lumière et du centre d'enseignement des langues, qui dépendent de la mission culturelle française, a été entièrement financée par un trust de mécènes monté par un vice-président de la banque Morgan Stanley.

À Washington, un important partenariat universitaire franco-américain monté par le conseiller culturel ne tient que grâce à un généreux donateur : un milliardaire de quatre-vingt-un ans, Robert Wilmers, banquier à Buffalo et heureux propriétaire du grand cru Château Haut-Bailly. En 2011, il a signé un chèque

---

[1]. Entretien avec l'auteur, le 20 avril 2015.
[2]. François Loncle et Claudine Schmid, rapport d'information sur l'évaluation du réseau culturel de la France à l'étranger, Assemblée nationale, 28 novembre 2013.

de… 12 millions de dollars pour financer ce partenariat. Mais, chut ! le Quai ne veut pas que cette information s'ébruite, de peur sans doute d'afficher une telle dépendance envers un financier privé.

Le poids financier de Total dans la promotion culturelle est plus troublant encore. Le groupe pétrolier intervient partout. Quelques exemples pour la seule année 2014. En Afrique du Sud, il a payé la tournée de la compagnie de ballet d'Angelin Preljocaj et la Fête de la musique à la résidence de l'ambassadrice de France à Pretoria. À Pékin, il a offert le grand concert de clôture du festival franco-chinois, « Croisements », au théâtre national de la capitale. Aux Pays-Bas, il a payé l'assurance de l'exposition de sculpture française inaugurée par le roi. Montant : 1 million d'euros, soit cinq fois le budget culturel annuel de l'ambassade de France à La Haye. En Birmanie, en revanche, Total a refusé d'aider l'ambassade de France à monter une exposition photographique sur la discrimination des gays et lesbiennes…

C'est une dérive inévitable. « Les sponsors ont évidemment leur mot à dire sur la programmation qu'on leur soumet désormais à l'avance[1] », explique un haut cadre de la direction de la mondialisation. Lors des journées du réseau en juillet 2015, un conseiller culturel constate froidement, dans une langue de Molière un brin maltraitée : « Pour avoir des sponsors, il faut prioriser les actions rentables[2]. » Si bien que, dans un rapport sur

---

1. Entretien avec l'auteur, le 10 septembre 2015.
2. Journées du réseau de coopération et d'action culturelle, 15 juillet 2015.

la diplomatie culturelle rendu public en novembre 2014[1], le sénateur Les Républicains Jacques Legendre tire la sonnette d'alarme : « Cette situation de dépendance financière [par rapport aux entreprises et aux mécènes] fragilise l'Institut français. » Étonnant de la part d'un homme politique de droite... et d'autant plus préoccupant.

Quand il n'y a pas – ou pas assez – de firmes privées pour payer, les conseillers culturels se débrouillent comme ils peuvent. « Nous sommes des chefs d'entreprise ! [2] » lance Emmanuel Suard, un spécialiste des séries télévisées devenu conseiller culturel en Allemagne. Chacun gère sa PME avec les moyens du bord. À Riyad, l'ambassade organise chaque mois un « dîner dansant » à la résidence avec musique et alcool – une rareté en Arabie saoudite.

« Plus de 450 personnes y assistent, explique fièrement un diplomate. C'est grâce à l'argent ainsi récolté que l'on a pu faire venir Hervé Vilard[3] pour un concert en 2015[4]. » Quelle chance ! À Tokyo, la pompe à finances est le centre culturel français, situé dans le quartier Shinjuku. « On y organise des mariages, renchérit la conseillère culturelle Claire Thuaudet. Des avant-premières aussi dans la salle de cinéma que nous avons rénovée de façon à pouvoir la louer à des

---

1. Avis sur le projet de loi de finances 2015 – action extérieure de l'État ; diplomatie culturelle et d'influence.
2. Journées du réseau de coopération et d'action culturelle, 15 juillet 2015.
3. Célèbre chanteur de variétés qui a connu son heure de gloire dans les années 1960, interprète notamment de « Capri, c'est fini »...
4. Entretien avec l'auteur, le 14 avril 2015.

distributeurs de film. La brasserie marche bien également, nous y vendons des produits français. Et puis nous avons passé un accord avec la firme Lacoste qui a fabriqué des sacs exclusivement en vente dans notre institut[1]. » Mais à Tokyo, comme partout dans le monde, ce sont les cours de français qui assurent le gros des recettes.

Le business des cours de français

Le chiffre est considérable. Selon un rapport parlementaire de décembre 2013, ces cours et les certifications d'aptitude à la langue française dans les quatre-vingt-dix-huit instituts représentent 75 % des ressources propres du réseau culturel français à l'étranger[2]. Les deux tiers !

« Il y a quinze ans, nous ne nous occupions pas du tout de cela, nous nous concentrions sur l'organisation de débats, la venue d'intellectuels et d'artistes, se souvient, nostalgique, un conseiller culturel, dans le métier depuis le milieu des années 1990. Aujourd'hui, je regarde la courbe des cours tous les jours. Je sais que si je perds 6 % d'activité, je suis mort : je ne pourrai plus payer les salaires[3]. »

À Tokyo, justement, les ventes de cours baissent régulièrement depuis 2007 : « Il y a la crise, le tsunami et, plus grave, il n'y a plus d'obligation de deuxième

---
1. Entretien avec l'auteur, le 24 avril 2015.
2. Voir le rapport Loncle et Schmid, *op. cit.*
3. Entretien avec l'auteur, le 18 mai 2015.

langue à l'université, explique Claire Thuaudet. Du coup, la demande a beaucoup reculé chez les jeunes. Nous nous tournons donc vers les cadres. Nous avons beaucoup investi dans le marketing des cours qui leur sont destinés. Nous proposons, par exemple, des formations aux hommes d'affaires japonais qui travaillent en Afrique francophone. Nous allons aussi faire une offre spéciale pour les Jeux olympiques de Tokyo en 2020 : une rapide initiation au français pour les personnes qui vont accueillir les visiteurs[1]. » Ainsi parle aujourd'hui une conseillère culturelle française.

Sur le marché des cours, la concurrence est rude. Il y a les huit cents Alliances françaises à travers le monde, des associations de droit local, indépendantes du Quai d'Orsay, dont l'une des missions est justement de proposer des formations de langue. Parfois, elles sont en guerre avec les Instituts français qui, eux, sont des émanations du ministère des Affaires étrangères. À Londres, les deux organismes ont signé une sorte d'armistice, qui répartit le marché des cours de français, le nord de la capitale britannique pour l'Alliance, le sud pour l'Institut. En Allemagne, le souci c'est la compagnie Berlitz, qui taille des croupières aux Instituts locaux. « Pour que nous gagnions cette bagarre, il faut que nos locaux soient plus attractifs[2] », réclame le conseiller Suard.

Écoutons la mise en garde du député communiste, François Asensi. Lors du débat parlementaire sur

---
1. Entretien avec l'auteur, le 24 avril 2015.
2. Semaine des ambassadeurs 2015.

l'action culturelle de la France, le 5 mai 2015, il a déclaré : « Il n'est pas possible d'aller plus loin dans ces restrictions budgétaires [...], sauf à faire de nos antennes culturelles de simples guichets de vente au service d'une vision purement marchande de notre culture[1]. » Pour une fois, un parlementaire de droite, Legendre, et un de gauche, Asensi, sont d'accord. Seront-ils entendus en 2017 ?

---

[1]. Site des député(e)s du Front de gauche.

10

Gay d'Orsay

Ce grand diplomate est gay et ne le cache pas. Gérard Araud, ambassadeur de France aux États-Unis, a fait son *coming out* dans le magazine américain *Vogue*[1] en novembre 2014, juste après sa prise de fonctions à Washington. « La journaliste m'a demandé de but en blanc : "Êtes-vous homo, comme le dit la rumeur ?", raconte ce polytechnicien énarque de soixante-trois ans qui vit depuis deux décennies avec le photographe Pascal Blondeau. C'était la première fois qu'un reporter me posait la question. Que devais-je répondre ? Je ne mens jamais sur ce sujet, mais je redoute toujours que l'on ne retienne que cet aspect-là de ma personnalité[2]. »

Dans son bureau, au premier étage de l'immeuble de la chancellerie, Gérard Araud, élevé à la dignité d'ambassadeur de France par Nicolas Sarkozy en janvier 2012, a accroché deux tableaux : un cliché en noir et blanc d'Yvonne et Charles de Gaulle, dont il ne se sépare jamais, et une œuvre plus provocante du photographe franco-marocain 2Fik, un pastiche du *Déjeuner*

---
1. *Vogue*, 6 novembre 2014.
2. Entretien avec l'auteur, le 30 août 2015.

sur l'herbe de Manet où la femme assise et nue est remplacée par un homme, dénudé lui aussi. « Je ne voulais pas éluder la question de la journaliste de *Vogue*, poursuit-il. Surtout pas après la Manif' pour tous qui m'a révolté. J'ai été profondément affecté par ces cortèges contre le mariage gay, par la violente homophobie d'une partie de la population française. »

Son indignation, Gérard Araud, qui est de loin l'ambassadeur le plus populaire sur Twitter avec près de trente mille abonnés, l'explique par ses origines sociales. « J'ai été d'autant plus blessé que le militant de base de la Manif' pour tous c'est moi, dit-il à la manière de Flaubert évoquant son personnage Emma Bovary. Je viens d'une famille de province, catholique et de droite. Ma mère ne travaillait pas et mon père était cadre commercial dans une entreprise alimentaire à Marseille. Dans ma jeunesse, j'allais à la messe le dimanche et parfois aux vêpres le soir. Que ma famille spirituelle – je suis un catholique qui ne croit pas en Dieu – se retourne contre moi et ma sexualité m'a bouleversé. Voilà pourquoi j'ai répondu finalement : "Oui, je suis homosexuel." »

Un lobby ?

Il n'est pas le seul au ministère des Affaires étrangères que l'on surnomme parfois le « Gay d'Orsay » – comme on dit le « Conseil des tatas » (*sic*) à propos du Conseil d'État. « Pourquoi le cacher ? C'est vrai qu'il y a beaucoup d'homosexuels au ministère des Affaires étrangères, plus qu'ailleurs en tout cas, explique Gérard Araud. Il est normal que ce métier attire particulièrement les gays : il permet aux jeunes homosexuels de partir à l'étranger, loin de leur famille, qui parfois les rejette, et de la pression sociale. Et puis, un diplomate à l'étranger est forcément un marginal, donc les choses de l'amour y sont plus décontractées. C'est peut-être pour cette raison que j'ai jeté ma gourme en 1982, au cours de mon premier poste loin de la France, en Israël où j'ai commencé ma carrière comme deuxième secrétaire. »

Mais il n'a pas toujours été facile d'être homosexuel au Quai d'Orsay – et cela demeure encore problématique pour certains. On se souvient de cet écrivain-diplomate, par ailleurs détestable à bien des égards, Roger Peyrefitte, qui ne cachait pas sa préférence pour les hommes et qui a été limogé, en 1938, de son poste de secrétaire d'ambassade à Athènes en raison d'une aventure avec le protégé d'un amiral grec – une péripétie qu'il racontera dans son roman *Les Ambassades*[1]. « Pendant longtemps, un ambassadeur gay devait faire embaucher son compagnon comme jardinier ou chauffeur afin qu'il puisse le rejoindre[2] », révèle un diplomate de haut rang, lui-même homosexuel. La situation s'est évidemment beaucoup améliorée au fil des ans.

Pourtant, plusieurs agents du ministère des Affaires étrangères ont jugé nécessaire de créer, en 2007, donc très récemment, une association de défense de la

---
1. *Les Ambassades*, Flammarion, 1951, J'ai Lu, 1970.
2. Entretien avec l'auteur, le 7 juin 2015.

condition homosexuelle au sein du Quai, Algo[1], qui a compté jusqu'à quatre-vingts membres. « Dans certains services ou dans certains petits postes à l'étranger existaient encore [à cette époque] des manifestations d'homophobie et [...] cela n'a pas totalement disparu[2] », explique l'un des fondateurs d'Algo, Gilles Cottet-Dumoulin, secrétaire général de chancellerie. Il ajoute que le *coming out* de Gérard Araud « permet aux agents concernés d'être plus sereins dans leur vie professionnelle quotidienne », une vie qui n'est donc pas totalement rassérénée aujourd'hui encore.

Les blagues homophobes ont toujours cours dans les milieux diplomatiques français. Récemment, une ambassade dans un pays d'Asie centrale était surnommée « la cage aux folles », parce que ses numéro un et deux affichaient leur homosexualité. Nicolas Sarkozy, lui-même, faisait souvent assaut de grivoiserie quand il rencontrait un diplomate gay. « Un jour, raconte Jean-David Levitte, son conseiller diplomatique à l'Élysée, nous allons en Roumanie où nous sommes accueillis par l'ambassadeur Henri Paul. Celui-ci nous présente son compagnon. En partant, Nicolas Sarkozy m'a glissé dans l'oreille : "Vous êtes incorrigibles, vous les diplomates." Je lui ai répondu : "Détrompez-vous : à l'origine, Henri Paul n'est pas diplomate, mais conseiller maître à la Cour des comptes." Et il a éclaté de rire[3]... »

---

1. Association des lesbiennes et gays du Quai d'Orsay.
2. E-mail à l'auteur du 8 décembre 2015.
3. Entretien avec l'auteur, le 6 mai 2015.

Le combat de Jacques Villemain

Les homosexuels ont eu du mal à conquérir certains droits. En 2000, Jacques Villemain, énarque de quarante-deux ans, se pacse avec son compagnon, quelques mois après l'adoption de la loi autorisant cette forme de contrat. Le Quai lui propose un poste à l'étranger. Il demande à ce que son partenaire bénéficie des mêmes avantages qu'un conjoint marié : une indemnité de changement de résidence et un billet d'avion gratuit pour le rejoindre. Homophobie ou souci d'économie budgétaire ? la direction du personnel refuse, en se référant à une circulaire rédigée juste après l'adoption du pacs. Le texte stipule que les signataires d'un pacs ne peuvent pas bénéficier des privilèges accordés aux conjoints puisqu'il s'agit d'un contrat patrimonial qui n'entraîne pas un changement d'état civil. Jacques Villemain dépose un recours au Conseil d'État.

La justice administrative tranche en 2002, dans un arrêt devenu célèbre et baptisé arrêt « Villemain »[1]. Elle estime que le diplomate a raison mais il est débouté : elle considère que le ministère des Affaires étrangères n'avait pas dépassé un délai « raisonnable » pour modifier cette circulaire, ce qu'il fit quelques mois plus tard. Si bien que c'est grâce à Jacques Villemain que, finalement, tous les pacsés, homos et hétéros, bénéficient désormais au Quai d'Orsay des mêmes avantages que les agents mariés. D'ailleurs, lorsque Villemain a de nouveau été envoyé à l'étranger en 2009, son compagnon

---
1. Arrêt n° 220361 du Conseil d'État.

a reçu un billet gratuit et il a, lui-même, touché une indemnité de déménagement supérieure à celle d'un célibataire.

Mais cette aventure l'a laissé meurtri. La publication de l'arrêt du Conseil d'État – qui n'est pas anonyme – a révélé son homosexualité au grand jour, et notamment à sa famille qui ignorait tout de sa vie sentimentale. Et la hiérarchie du Quai d'Orsay, qui n'apprécie jamais d'être poursuivie par l'un de ses agents, lui fait, semble-t-il, encore aujourd'hui payer cet affront. La carrière de Jacques Villemain, qui est représentant adjoint de la France à l'OCDE, n'est pas aussi brillante que celle de ses camarades de la promotion Léonard de Vinci.

Le fameux réseau gay au Quai d'Orsay n'aurait-il donc pas fonctionné pour lui ? Mais existe-t-il seulement ? « Beaucoup le croit, reconnaît Gérard Araud. Un ministre des Affaires étrangères a même refusé de me nommer directeur de son cabinet, quand j'étais proposé par l'institution, au prétexte qu'il ne voulait pas, disait-il, céder au supposé "lobby gay"[1]. »

Une pure invention, ce groupe de pression, ce réseau homo au ministère des Affaires étrangères ? Oui, selon Gilles Cottet-Dumoulin, de l'association Algo[2] : « Je n'ai jamais obtenu quoi que ce soit de la part de l'administration pour être ouvertement homosexuel, assure-t-il. Je ne crois pas du tout à un "lobby gay". » Gérard Araud est moins catégorique : « Écoutez, si vous êtes homo, vous en avez forcément beaucoup parmi vos amis,

---
1. Entretien avec l'auteur, le 30 juillet 2015.
2. E-mail du 8 décembre 2015.

explique-t-il. Et les amis, quand on peut on les aide. Moi, je fais toujours attention à leur carrière et à celle de mes collaborateurs, qu'ils soient gays ou hétéros. »

L'affaire Stefanini

En tous cas, ce n'est pas un lobby qui a proposé Laurent Stefanini, homosexuel discret et camarade de promotion à l'ENA de Jacques Villemain, comme ambassadeur au Vatican mais bien François Hollande en personne. Depuis mai 2012, les deux hommes se côtoient plusieurs fois par semaine puisque Laurent Stefanini est chef du protocole de l'Élysée – et du Quai d'Orsay. « Je guide le président à l'étranger, je le préviens quand il est en retard sur le programme, je lui indique comment il faut appeler une personnalité[1] », explique, dans son immense bureau avec vue sur les Invalides, cet érudit de cinquante-cinq ans, à l'allure un brin compassée. Cela fait cinq ans qu'il est le grand maître des cérémonies laïques et républicaines, avec un rang d'ambassadeur. Mais depuis toujours, ce catholique pratiquant n'a qu'un rêve : rejoindre les coulisses diplomatiques de l'Église apostolique et romaine.

Il connaît les arcanes du Vatican aussi bien qu'un cardinal. De 2001 à 2005, il a été premier conseiller à l'ambassade de France au Vatican, la splendide villa Bonaparte. Puis il a occupé le poste de conseiller religieux du Quai d'Orsay où, selon plusieurs sources, il a

---

1. Entretien avec l'auteur, le 18 février 2015.

fait merveille. François Hollande pouvait donc difficilement dénicher meilleur candidat pour représenter la France auprès du plus petit État du monde. C'est pourquoi il l'a désigné ambassadeur de France près le Saint-Siège au cours du Conseil des ministres du 7 janvier 2015 – le jour des attentats… – et, dans la foulée, a mis fin aux fonctions du précédent, Bruno Joubert, nommé conseiller maître à la Cour des comptes, dès le 11 février. Seulement voilà : l'Élysée n'a pas pris le temps de sonder le Vatican sur la candidature de Laurent Stefanini.

Tous les hauts responsables de la diplomatie française, qui connaissent ce personnage proustien depuis des décennies, savent pourtant que Laurent Stefanini est un *old bachelor* – un vieux garçon, comme disent pudiquement les Britanniques. Or le Vatican n'a jamais fait bon accueil aux ambassadeurs gays – français en tous cas. Certes, l'un d'entre eux a été agréé à ce poste en 1998. Mais, comme le rappelle l'hebdomadaire catholique *Famille chrétienne*[1], Paris l'a rappelé deux ans plus tard, en 2000, année du jubilé, sans doute après que le Saint-Siège a deviné l'orientation sexuelle du diplomate, par ailleurs l'un des meilleurs de sa génération.

Huit ans plus tard, l'affaire Jean-Loup Kuhn-Delforge éclate. Après le décès brutal, en décembre 2007, de Bernard Kessedjian, en poste à la villa Bonaparte depuis deux ans, Nicolas Sarkozy propose pour lui succéder Jean-Loup Kuhn-Delforge, diplomate de

---

1. *Famille chrétienne*, 24 avril 2015.

cinquante-sept ans qui vit avec un autre homme. Le Saint-Siège n'accepte ni ne refuse : il ne répond pas. « Étrangement, il nous a fallu plusieurs mois pour comprendre que le silence de Benoît XVI signifiait qu'il ne voulait pas de Jean-Loup, qui était alors secrétaire général adjoint du Quai[1] », explique un haut responsable de la maison. Dès lors, Bernard Kouchner, ministre des Affaires étrangères à cette époque, fait pression auprès du Saint-Siège. « Le secrétaire des Affaires étrangères du Vatican est venu me voir au Quai, assure-t-il. En tête à tête, je lui ai dit : "Ce n'est pas au moment de toutes ces affaires de pédophilie dans l'Église que vous allez jouer les pères la vertu." Puis menaçant : "Si vous n'agréez pas Jean-Loup Kuhn-Desforge, je vous prie de rappeler votre nonce à Paris." Et c'est ce qui s'est passé[2]. »

Nicolas Sarkozy se résigne. Après avoir songé à l'écrivain chiraquien Denis Tillinac, retoqué lui aussi pour cause de divorce et de remariage, le chef de l'État opte alors pour un nouveau candidat, bien sous tous rapports : hétéro, énarque – promotion Voltaire – et aristocrate, Stanislas Lefebvre de Laboulaye, dont le père était un conseiller du cardinal Lustiger. Tout de suite accepté, ce dernier, rejeton d'une grande famille de diplomates, est rappelé dare-dare de Moscou pour prendre, en janvier 2009, le poste du Vatican laissé vacant depuis plus d'un an.

« Après, j'ai essayé de nommer Jean-Loup Kuhn-Delforge en Tunisie, explique Bernard Kouchner, mais

---

1. Entretien avec l'auteur, le 13 mars 2015.
2. Entretien avec l'auteur, le 13 septembre 2015.

Ben Ali a, lui aussi, refusé. » Le diplomate homosexuel trouvera finalement une ambassade en 2011 : ce sera l'hôtel Merlin de Douai, la résidence de France à Athènes, où il sera remplacé quatre ans plus tard par un autre gay assumé, Christophe Chantepy, ancien directeur de cabinet de Jean-Marc Ayrault à Matignon.

Après ces deux rebuffades homophobes du Vatican, pourquoi proposer la candidature de Laurent Stefanini ? L'Élysée espère sans doute que le nouveau pape François[1] fera montre d'une plus grande ouverture d'esprit que son prédécesseur, lui qui a déclaré en juillet 2013 : « Si une personne est gay et cherche le Seigneur avec bonne volonté, qui suis-je pour la juger ? » Le chef du protocole bénéficie aussi de nombreux soutiens dont celui, particulièrement précieux, du cardinal et archevêque de Paris, André Vingt-Trois[2].

Mais c'est sans compter sur l'activisme de la présidente de la Manif' pour tous, Ludovine de La Rochère, qui, selon le *Journal du dimanche*[3], fait savoir, en février 2015, au nonce à Paris que son mouvement est hostile à la nomination de Laurent Stefanini, pourtant décoré de l'ordre de Saint-Grégoire-le-Grand par Jean-Paul II en personne. Le pape peut-il s'opposer frontalement à la branche la plus militante du catholicisme français, d'autant qu'à l'évidence la candidature du chef du protocole est également torpillée par quelques bonnes âmes au sein même du Quai ?

---
1. Élu le 13 mars 2013.
2. *Le Journal du dimanche*, 8 avril 2015.
3. *Ibid.*

Grand fracas, le 12 mars, quand l'hebdomadaire conservateur *Valeurs actuelles*[1], probablement informé par les bonnes âmes en question, explique dans un entrefilet que le pape refuse la candidature de Laurent Stefanini à cause de « son homosexualité notoire ». Trois semaines plus tard, *Le Canard enchaîné* annonce que François réserve sa réponse, qui semble plutôt négative. L'information, qui fait le tour du monde, est juste.

Dans la soirée du 15 avril, le souverain pontife reçoit le candidat français à la résidence Sainte-Marthe. L'entretien dure pendant près de quarante minutes. Selon *Le Point*, les deux hommes abordent la question de l'orientation sexuelle du diplomate[2]. « Ce fut le grand oral le plus difficile de ma vie », confiera plus tard Laurent Stefanini à un proche[3]. À l'initiative de François, les deux hommes prient ensemble. Puis le pape dit qu'il va continuer à réfléchir : « Faisons confiance à saint Antoine », ajoute-t-il[4]. Il pense sans doute à saint Antoine de Padoue, le prédicateur franciscain canonisé au XIIIe siècle que l'on invoque notamment pour exaucer un vœu. L'affaire devient un enjeu diplomatique. François Hollande sort de son silence pour soutenir son chef du protocole, « l'un de nos meilleurs diplomates[5] ». On espère un dénouement heureux.

---

1. *Valeurs actuelles* prendra ensuite fait et cause pour Laurent Stefanini.
2. *Le Point*, 31 décembre 2015.
3. Entretien de l'auteur avec cette source, le 28 avril 2015.
4. *Id.*
5. AFP, 10 avril 2015.

À tort. Le 3 juin, le secrétaire d'État du Saint-Siège, le cardinal Pietro Parolin, est reçu à l'Élysée par le président de la République en personne. Selon un proche de François Hollande, il lui annonce qu'il sera très difficile d'obtenir un agrément du pape. Il espère sans doute une volte-face semblable à celle de Nicolas Sarkozy en 2008. Mais François Hollande ne veut pas céder tout de suite, il attendra mi-2016 pour nommer un hétérosexuel. Entre temps, depuis mars 2015, c'est le deuxième conseiller à la représentation française au Vatican, François-Xavier Tilliette, qui fait office de « chargé d'affaires ». Une mission difficile qui lui vaut d'être nommé chevalier de la Légion d'honneur dans la promotion du 1er janvier 2016.

« À son corps défendant, Laurent est devenu un symbole du combat contre l'homophobie, commente un responsable du Quai qui le connaît bien. À mon avis, il aurait préféré rester dans le placard[1]. » Plusieurs diplomates de haut rang ont choisi d'en sortir et de se marier. Le 15 décembre 2014, l'ambassadeur de France en Espagne, Jérôme Bonnafont, celui qui a succédé à Bruno Delaye, reçoit une centaine d'amis dans sa magnifique résidence. Officiellement, il s'agit de célébrer l'anniversaire du compagnon avec lequel il vit depuis vingt-cinq ans, le styliste indien Danny Lalrinsanga. Le couple est connu dans l'univers diplomatique. Ancien porte-parole de Jacques Chirac et ex-directeur de cabinet d'Alain Juppé, l'ambassadeur Bonnafont était d'ailleurs venu présenter ses créances au roi, accompagné de son ami[2].

---

1. Entretien avec l'auteur, le 19 juillet 2015.
2. *Le Monde*, 29 août 2014.

Les deux hommes accueillent leurs invités avec leur fils. « À la fin du dîner, raconte le quotidien ibérique *El Mundo*[1], Jérome Bonnafont prend le micro, puis il regarda l'une des tapisseries des Gobelins accrochées dans la grande salle de la résidence. Précisément celle de Charles Le Brun qui représente la cérémonie des noces de Louis XIV avec l'infante Marie Thérèse d'Autriche, fille aînée du roi d'Espagne, Philippe IV. L'ambassadeur dit alors que la soirée n'est pas uniquement destinée à fêter l'anniversaire de Danny : "Aujourd'hui, nous avons tenu une même cérémonie que celle de la tapisserie..." Et de fait, les deux hommes venaient de se marier à 17 h 45. » Si bien que la soirée s'est poursuivie comme une célébration joyeuse de ce mariage gay – le premier, sans doute, dans la résidence d'un ambassadeur de France.

---

1. *El Mundo*, 20 décembre 2014.

11

Trafics chez les Saoud

Dans certains consulats, les inspecteurs du Quai découvrent d'étranges pratiques. Prenez celui de Djedda, en Arabie saoudite. En mars 2015, ils y ont mis au jour un scandale qui a été soigneusement enterré[1]. Il faut dire qu'à cette époque la France négociait de gros contrats avec la monarchie saoudienne, la nouvelle alliée de Paris, et qu'il n'était pas question de révéler comment le consul général Louis Blin faisait tourner sa boutique dans la deuxième ville du royaume.

Lorsqu'il a appris qu'une équipe de l'inspection allait venir farfouiller dans ses comptes, Louis Blin a pris les devants. Le 12 février 2015[2], il écrit à la maison mère une note très détaillée sur la gestion de ce consulat qu'il dirige depuis trois ans. Il y fait preuve d'une franchise déconcertante. Il explique les difficultés financières auxquelles il doit, selon lui, faire face. Sa résidence, qui

---

[1]. Le récit complet de cette affaire est basé sur des sources confidentielles.
[2]. Note du consul général de France à Djedda du 12 février 2015, dont l'existence est reconnue par M. Blin dans un e-mail à l'auteur du 17 décembre 2015.

a été construite il y a plus de quarante ans, « vieillit ». Elle nécessite sans cesse des travaux. Et puis il a fallu y aménager deux nouvelles cuisines, installer l'air conditionné sur une terrasse extérieure, refaire des fenêtres... Mais Paris ne lui a pas donné de budget pour cela. Alors il a mis en place un système de financement qu'il qualifie pudiquement d'« innovant ». C'est le moins que l'on puisse dire.

Tout a été offert par de généreuses entreprises locales. « Des mécènes ont mené eux-mêmes – ou ont confié à des entreprises avec lesquelles ils sont en affaires – la plupart des travaux effectués depuis deux ans à la résidence et certaines prestations au consulat », avoue le consul dans la note[1]. Mais attention, précise-t-il, « nous avons veillé à diversifier les sources, la plupart saoudiennes ». Comme si le lecteur pouvait soupçonner une malversation quelconque...

Au total, le consul évalue cette « aide » à 525 000 euros. Il s'agit seulement d'une estimation puisque « ces travaux échappent par nature à toute comptabilité ». Voilà qui est clair. Bon, tous ces travaux n'ont pas donné entière satisfaction, mais « il est difficile, précise le consul, de se montrer trop exigeant vis-à-vis d'entreprises qui vous ont fait cadeau d'une prestation »... Évidemment. Ces entreprises ont-elles obtenu quelque chose en échange ? Des visas ? Autre chose ? Mystère.

---

1. *Ibid.*

Biture contre culture

M. Blin a vraiment de la chance. Des mécènes tiennent non seulement à réhabiliter sa résidence gratuitement, mais ils veulent aussi payer toutes les activités culturelles de son consulat. « Des aides nous parviennent sans que nous les sollicitions », assure-t-il dans sa note à Paris. Tout de même, il faut être vigilant. Alors « pour rendre [ces versements d'argent] moins dépendants de relations personnelles établies par le consul général [lui-même, donc] avec les mécènes, par nature aléatoires, nous avons lié la fourniture de boissons alcoolisées au mécénat ». Oui, vous avez bien lu, des boissons alcoolisées, à Djedda, Arabie saoudite, où comme chacun sait, elles sont strictement interdites. Quel est donc ce système alambiqué, si on ose dire, inventé par l'ingénieux M. Blin et que l'on pourrait baptiser « biture contre culture » ?

À Djedda ou ailleurs, chaque représentation diplomatique a le droit d'importer un quota d'alcool pour sa consommation. Celui-ci est acheté chez un fournisseur agréé – dans ce cas, à Dubai. Le consulat peut alors revendre à des particuliers les bouteilles qu'il fait ainsi venir. En théorie, évidemment, le précieux liquide ne doit pas sortir de l'enceinte diplomatique… Mais qui va vérifier ? Le consul profite de cette tolérance. Dans sa note du 12 février 2015, il explique comment : « Nous demandons aux bénéficiaires de boissons alcoolisées que nous importons de devenir des mécènes en adhérant au Club des amis de la culture française (CACF), association indépendante du consulat mais dont les responsables sont des proches. » Oui, des proches...

Le droit d'entrée pour ce drôle de club est élevé. Depuis 2014, toute personne, française ou saoudienne, qui veut acheter du tord-boyaux doit remettre au CACF « un minimum de 5 000 riyals [soit 1 300 euros], puis accepter de lui verser une somme équivalant à 50 % de sa fourniture de boissons alcoolisées ». Autrement dit, les acheteurs d'alcool sont instamment priés de devenir des « mécènes » de la culture française. Et comme les amateurs de vin et de whisky sont très nombreux à Riyad – par goût du risque sans doute... –, la cagnotte du « club » a explosé et, du coup, le nombre d'événements culturels français aussi – selon le consul, il y en a eu soixante-douze en 2014 contre dix en 2011, tous financés par le CACF.

M. Blin a été convoqué à Paris au printemps pour s'expliquer. Mais il n'a pas été sanctionné. Est-ce parce que le système « biture contre culture » fait partie intégrante du « mécénat culturel » que « le ministère encourage » dans « tous les postes », ainsi que l'assure le consul[1] ? Ou est-ce par souci de ne pas ébruiter une affaire qui fait plutôt désordre ? Un diplomate français basé à Djedda, où accourent du monde entier les pèlerins pour La Mecque, qui finance l'activité du consulat par la vente d'alcool à des Saoudiens, une telle nouvelle déplairait sans doute à notre ami le roi Salman ! Quelles qu'en soient les raisons, le consul a été remplacé en septembre 2015, puis nommé chargé de

---
1. E-mail à l'auteur du 17 décembre 2015.

mission au Centre d'analyse, de prévision et de stratégie du Quai d'Orsay (CAPS). Il assure qu'il s'agit là d'une promotion – et non d'un placard[1]. On n'est pas forcé de le croire.

L'un de ses prédécesseurs n'a pas bénéficié de la même mansuétude. Il y a une vingtaine d'années, des inspecteurs du Quai ont trouvé deux mille bouteilles d'alcool sur le toit de la résidence du consul général. « Il les revendait avec une forte marge, explique un ancien inspecteur. Il a été suspendu pendant deux ans, puis mis à la retraite anticipée. Mais, comme nous n'avons pas trouvé de preuves suffisantes du trafic, nous n'avons pas pu déposer plainte auprès du procureur de la République[2]. »

Scandales aux visas

Le plus souvent, les malversations dans les consulats concernent la délivrance de visas. Les « bœuf-carottes » du Quai découvrent un ou deux scandales de ce type par an. L'un des plus récents s'est déroulé à Erbil, capitale du Kurdistan irakien. Comme le révèle Mediapart[3], l'affaire commence par une note de février 2014 émanant du consul général Alain Guépratte à Paris, dans laquelle il dénonce un système de corruption. Deux inspecteurs sont dépêchés sur place.

---
1. E-mails à l'auteur du 4 et 17 décembre 2015.
2. Entretien avec l'auteur, le 8 novembre 2015.
3. Mediapart, « Un trafic de visas est découvert au consulat de France d'Erbil en Irak », 11 septembre 2014.

Selon eux, le mari de la seule employée locale du consulat, une certaine Suhaila Hassan, a monté une agence de voyages, Yellow River, dont les prestations sont plus que douteuses. Pour déposer une demande de visa, il suffit, en théorie, de prendre rendez-vous sur le site Internet du consulat. Mais, en pratique, c'est impossible parce que l'officine Yellow River a déjà réservé toutes les dates qu'elle revend une petite fortune. Les inspecteurs pensent que le consul adjoint en charge des visas, Ludovic Francelle, un ancien gendarme, pourrait être de mèche.

L'envoyée spéciale de Mediapart, Marie Kostrz, a mené l'enquête sur place à Erbil. Elle a recueilli le témoignage accablant d'un employé kurde ayant payé 1 700 dollars en liquide pour obtenir un visa de quarante-cinq jours et qui assure avoir été reçu par Suhaila Hassan et Ludovic Francelle[1].

Dans leur rapport du 10 mars 2014, les inspecteurs évoquent « un trafic de visas de très grande ampleur[2] » sur une période d'une année pour un montant compris entre 2 et 4 millions d'euros. Ils recommandent de sanctionner Suhaila Hassan et Ludovic Francelle. Les choses ne traînent pas. La première est licenciée et le second est suspendu de ses fonctions le 30 avril, puis exclu pendant un an à compter du 1er août 2014. Cependant l'ancien gendarme conteste formellement être impliqué dans ce trafic qui, selon lui, existe bel et bien mais que, selon son avocate, maître Sarah

---

1. *Ibid.*
2. E-mail de maître Sarah Mauger-Poliak à l'auteur du 27 octobre 2015.

Mauger-Poliak, il aurait lui-même dénoncé. Il dépose plusieurs recours devant tribunal administratif dont l'un pour « excès de pouvoir ».

Le 7 mai 2015, la justice administrative lui donne gain de cause et ordonne la réintégration de Ludovic Francelle. Si bien que, depuis le 30 août 2015, l'ex-gendarme est nommé… rédacteur contrôleur de gestion à la direction de la mondialisation, à Paris – drôle d'affectation pour un agent que le Quai soupçonne toujours coupable de malversations et contre lequel il a déposé plainte auprès du procureur de la République, en décembre 2014. L'affaire au pénal n'est toujours pas jugée.

Les « bœuf-carottes » ont vécu une mésaventure similaire quelques mois auparavant. Lors d'une inspection au consulat de France à Annaba en Algérie, en 2013, ils découvrent que des agents locaux falsifient des documents. Grâce à des complicités internes, ces derniers parviendraient même à changer, à la main, les décisions concernant les demandes de visa, qui passeraient ainsi de « refusé » à « accepté ». Les inspecteurs mettent en garde le consul général Sameh Safty à plusieurs reprises, puis finissent par obtenir sa mutation d'office, le 14 avril 2014, pour négligences. C'est en tout cas leur version des faits[1].

L'intéressé, lui, soutient qu'en réalité il a été victime d'une machination politique. Il dépose un recours au

---
1. Entretien avec un haut responsable du ministère des Affaires étrangères, le 7 octobre 2015.

tribunal administratif. Lors des débats[1], son avocat affirme que son client a été sanctionné pour avoir mis fin aux malversations d'un élu des Français de l'étranger, proche du pouvoir socialiste. La justice ne tranche pas sur le fond mais annule sa mutation, le 5 mars 2015, pour vice de procédure – car le plaignant n'a jamais eu accès aux rapports d'inspection le concernant.

Sameh Safty est aujourd'hui conseiller à la représentation de la France à l'ONU à New York et assure que son « rappel n'avait strictement rien à voir avec les allégations parues dans la presse concernant des trafics de visas au consulat général d'Annaba[2] ». Pourtant son successeur a licencié des agents locaux pour ce même motif et des expatriés ont été rapatriés illico à Paris. Mais ils n'ont jamais été poursuivis, faute de preuves.

Le manque d'indices judiciairement exploitables est en effet l'une des grandes difficultés dans ce genre d'affaires, puisque les inspecteurs du Quai ne disposent pas des mêmes pouvoirs d'enquête que la police. En 2009 et 2010, pas moins de trois réseaux de trafic de visas ont été démantelés au consulat de France au Caire. Là encore, il s'agissait de monnayer un rendez-vous rapide avec le service compétent.

« Le délai normal était très long – quatre mois –, raconte un diplomate. Il y avait plusieurs systèmes pour faire accélérer les choses. Certains filous se tenaient à

---

1. *Acteurs publics*, « La justice annule la mutation forcée d'un consul général », 12 mars 2015.
2. E-mail à l'auteur du 15 décembre 2015.

la porte du consulat et demandaient 30 à 50 euros pour faire grimper un dossier au-dessus de la pile ou pour antidater les demandes. D'autres proposaient d'avancer une date déjà inscrite sur le tableau des rendez-vous auquel ils avaient accès. Cela coûtait entre 300 et 500 euros. Enfin, des anciens employés du consulat avaient monté des officines qui proposaient une "assistance technique" pour remplir les dossiers de visa. Avec des complices à l'intérieur, ils proposaient de faux documents qu'ils facturaient 50 000 livres égyptiennes, soit 6 000 euros environ[1] ! »

Tous les agents coupables de ce trafic ont été contraints à la démission, mais aucun n'a pas été poursuivi, par « manque de preuves » – l'éternel problème –, assure ce diplomate.

Plusieurs autres trafics de ce type ont été démantelés ces dernières années. Au consulat général de France à Alger, d'anciens employés aidaient à obtenir des visas sanitaires en bricolant de faux dossiers médicaux qu'ils vendaient 2 000 à 3 000 euros. En 2011, dans une ville de province, en Russie, un homme d'affaires français s'est régulièrement rendu au consulat, où il déposait un sac rempli de passeports de jeunes femmes demeurant à Moscou. Celles-ci obtenaient en général des visas de cinq ans pour la France. « Les responsables ont été mutés[2] », affirme un haut fonctionnaire du Quai.

Il n'y a pas que les margoulins qui profitent de la vente des visas – l'État aussi. En 2014, les consulats

---

1. Entretien avec l'auteur, le 9 octobre 2015.
2. Entretien avec l'auteur, le 10 novembre 2015.

français ont instruit 3,2 millions de demandes et délivré 2,8 millions de visas, essentiellement de court séjour. Ce sont, dans l'ordre, les Chinois, puis les Algériens et enfin les Russes qui en ont été les principaux bénéficiaires.

Cette « activité est rentable pour notre administration[1] », explique le rapporteur du budget 2016 de l'action extérieure au Sénat. Elle représente un chiffre d'affaires de 160 millions d'euros, alors qu'elle ne coûte en frais de personnel et de fonctionnement que 124 millions[2] – ce qui laisse un bénéfice confortable de 36 millions d'euros. Jusqu'en 2015, le ministère des Affaires étrangères ne voyait pas la couleur de cet argent – toutes les recettes des visas allaient grossir les caisses du budget général de l'État. En 2016, Laurent Fabius est parvenu à en récupérer une partie. Le Quai en recevra ainsi 6 millions sur les 40. En période de disette financière, c'est toujours ça de pris.

---

1. Rapport n° 164. Projet de loi de finances pour 2016 : action extérieure de l'État.
2. « Faire de la délivrance des visas un outil d'attractivité de la France », rapport d'information n° 127 du Sénat, commission des finances, 29 octobre 2015.

12

La panique des mâles

Ce brûlot n'était pas destiné à être rendu public. Il devait rester au fond d'un tiroir, enfermé à double tour, de peur que le personnel féminin du Quai d'Orsay ne le découvre.

Il s'agit d'un cri de colère très macho écrit au printemps 2015 par un ambassadeur en poste en Afrique. Ce document[1] confidentiel fait partie de sa contribution à la grande réflexion sur le ministère des Affaires étrangères du XXIe siècle lancée par Laurent Fabius début 2015. Il est adressé au ministre.

Le diplomate énarque et quinquagénaire s'y fait le porte-parole de tous les mâles du Quai, terrifiés et furieux de voir les femmes occuper de plus en plus de place dans cette vieille maison traditionnelle. Comme certains de ses pairs, jeunes et vieux, il redoute même le grand remplacement... d'un sexe par l'autre. À l'en croire, les hommes sont au Quai d'Orsay une espèce menacée, si ce n'est tout bonnement en voie d'extinction, qu'il est urgent de défendre !

---

1. Archives personnelles de l'auteur.

« Si, comme nous en prenons le chemin, écrit-il à Laurent Fabius, les femmes viennent à l'horizon 2025 ou plus tard à être plus nombreuses et si l'évolution naturelle de la pyramide tend à ce qu'elles représentent plus de 60 % de l'effectif du ministère, devrons-nous, en application des règles de parité, chercher à protéger alors les représentants masculins ? »

Comme beaucoup de sexistes, il s'en prend vertement à « la politique du genre » et à la féminisation de l'administration, preuve irréfutable, à leurs yeux, de la défaite des hommes : « D'ores et déjà, plusieurs secteurs professionnels recherchés pour l'intérêt des carrières qu'ils offrent connaissent en France une inversion de la problématique paritaire, sans que personne s'en offusque, assure-t-il sans rire. La magistrature et le barreau ne semblent pas s'en porter plus mal, et je n'ai vu du reste aucune association féministe ou mouvement militant pour le genre se plaindre que les femmes représentent dans ces professions 60 % et davantage de l'effectif : la politique du genre serait-elle à sens unique ? »

Ces rares féministes

Il en vient alors au cœur de son propos, à ce qui fait vraiment hurler les cadres « A+ » de sexe masculin, autrement dit les hommes qui peuvent prétendre à une ambassade : les nominations... d'ambassadrices. Perfidement, il fait mine de défendre ces femmes qui sont l'objet des rumeurs les plus navrantes sur leur capacité à diriger un poste à l'étranger. Comme il sait qu'il marche sur des œufs, son argumentation est terriblement alambiquée.

Pour la comprendre, il faut la lire avec beaucoup d'attention. « En fournissant le terreau d'une remise en cause potentiellement insidieuse de la qualité intrinsèque des nominations intervenues sur le fondement des règles actuelles sur le genre, écrit-il, la politique en vigueur, qui sert naturellement les intérêts individuels de court terme des intéressées, sert-elle pour autant la cause de long terme de la gent féminine ? »

Pour lui, la réponse ne fait aucun doute : c'est non. « Je pressens, conclut-il, que l'on – hommes et femmes confondus – ne tardera pas à regretter les bons vieux principes de la République au mérite qui avaient fait leur preuve depuis les origines de la Troisième République. » Ben voyons ! Autrement dit, pour lui, la rumeur sur l'incompétence des nouvelles ambassadrices est justifiée, et il est temps d'en finir avec cette gabegie...

On le sent bien, cette colère est d'abord dirigée contre les – rares – féministes du Quai d'Orsay qui horripilent les mâles en panique. Leur cible principale, leur bête noire s'appelle Nathalie Loiseau. Proche d'Alain Juppé, cette diplomate n'est pas – tant s'en faut – une pétroleuse. Mais cette femme brillante connaît la maison par cœur. Elle a dirigé le service de presse à l'ambassade de France à Washington – comme Dominique de Villepin avant elle. Elle a été numéro deux de la direction Afrique Nord du Quai et ensuite directrice du personnel. Puis elle a été la première directrice générale du ministère[1] avant d'être nommée patronne de l'ENA – une première là aussi.

Un an après sa prise de fonction dans l'école de l'élite, elle publie un livre au titre provocateur *Choisissez tout*[2], qui a mis en transe beaucoup d'hommes au Quai. Dans cet essai qui a fait pas mal de bruit à sa sortie en septembre 2014, Nathalie Loiseau invite les femmes à surmonter leur « syndrome de Cendrillon » et à prendre la place qui leur est due dans la société française – en particulier dans la diplomatie dont elles ont été tenues à l'écart jusque très récemment.

Son récit du combat des pionnières est édifiant. « Le Quai d'Orsay a mis du temps à s'apercevoir que l'humanité n'était pas faite d'un seul genre, en tout cas s'il ne s'agissait ni de taper à la machine, ni de servir le café, énumère Nathalie Loiseau. Premiers concours [d'entrée dans la diplomatie] ouverts aux femmes : 1928, quatre ans après que l'Union soviétique eut nommé la première femme ambassadeur [Alexandra Kollontaï en Norvège]. Première femme reçue : 1930, Suzy Borel. »

Le parcours de cette précurseure passionne la directrice de l'ENA. « Son histoire, son "épopée administrative", comme la qualifia [Jean] Giraudoux, en dit long sur les obstacles qu'elle eut à surmonter, écrit-elle. On a d'abord considéré qu'elle ne pourrait pas servir à l'étranger au motif que, ne disposant pas de droits civiques, elle ne pourrait pas représenter la France. »

---

1. Voir le chapitre « Un scandale étouffé », p. 13.
2. Éditions J-C Lattès.

Qu'a-t-elle fait ? « Elle dut se résigner malgré elle à faire carrière en France. C'est cependant ce que lui reprocha l'Association des agents du ministère des Affaires étrangères, qui introduisit contre sa nomination un recours devant le Conseil d'État. Motif invoqué : ne pouvant être affectée à l'étranger, Mlle Borel et celles qui lui succéderaient auraient tôt fait de monopoliser les postes parisiens à leur profit. » Elle ne se découragea pas. « Malgré ces obstacles, Suzy Borel resta au Quai d'Orsay. Elle s'illustra dans la Résistance au sein du groupe Combat et fut remarquée par Georges Bidault, qui en fit tout d'abord son directeur adjoint de cabinet avant... de l'épouser en 1946. »

Madame l'ambassadrice

Ce n'est que vingt-six ans plus tard, en 1972, raconte Nathalie Loiseau, que Georges Pompidou nomme la première femme ambassadeur : Marcelle Campana. « Et encore : au Panama et en fin de carrière », persifle-t-elle. Trente longues années doivent encore s'écouler avant que le ministère accepte enfin, en 2002, de féminiser le mot et adopte, par circulaire, le terme d'« ambassadrice » pour désigner les chefs de poste de l'autre sexe – et de fait renonce à l'utiliser pour les épouses des ambassadeurs. Mais là encore que de résistance ! Pendant des décennies, « impossible de donner ce titre à une diplomate sous peine [assurait-on] de confusion », écrit la patronne de l'ENA.

Certes, depuis cette époque considérée comme bénie par nombre d'hommes, la situation a bien changé

À partir des années 1990, les diplômées, énarques ou issues du concours d'Orient, commencent à faire de belles carrières au Quai d'Orsay. En 2002, quand le terme est officiellement reconnu, il y a déjà une vingtaine d'« ambassadrices ». Mais « pour réussir, nous avons dû avancer masquées, confie Kareen Rispal, aujourd'hui patronne de la direction des Amériques. Nous avons tout fait pour faire oublier que nous n'étions pas des hommes[1] » !

La génération suivante n'entend plus raser les murs. En 2008, une jeune diplomate de trente ans, Clélia Chevrier, décide d'engager la bataille collectivement en créant l'association Femmes et diplomatie, un groupe de pression qui pousse et aide les femmes à s'imposer dans cette maison toujours foncièrement sexiste. L'association, qui est ensuite dirigée par Nathalie Loiseau, gagne l'oreille du ministre Bernard Kouchner qui nomme vingt-deux ambassadrices en trois ans. Cette « frénésie » de la part du mari de Christine Ockrent fait sourire le sexe dit fort qui ne sent pas son pouvoir menacé. Pas encore.

Quand cette peur d'être supplantés par le sexe dit faible a-t-elle commencé à gagner les mâles du Quai d'Orsay ? Peut-être le 25 février 2011 lorsque Nicolas Sarkozy choisit une brunette au regard de myope et à l'intelligence ravageuse, Sylvie Bermann, pour diriger l'ambassade à Pékin. Cette sinologue de cinquante-huit ans devient la première femme à représenter la France auprès de l'un des cinq pays membres du Conseil de sécurité des Nations unies – le summum

---
1. Entretien avec l'auteur, le 3 avril 2015.

d'une carrière diplomatique. « Il est logique que cette révolution ait commencé en Chine, observe malicieusement l'intéressée. Là-bas, on trouve tout à fait normal que les femmes portent l'autre moitié du ciel[1]... »

La loi qui effraie les mâles

Le ciel, justement, tombe vraiment sur la tête des hommes un an plus tard, le 12 mars 2012. Ce jour-là, en pleine campagne présidentielle, le Parlement adopte une loi passée inaperçue, mais aux conséquences profondes et durables sur l'administration française – en particulier au ministère des Affaires étrangères. L'article 56 de cette loi dite « Sauvadet », du nom du ministre centriste qui la porte, instaure, dans la fonction publique, une discrimination positive en faveur des femmes pour les emplois de direction. Il impose des quotas progressifs.

En 2013 et 2014, 20 % des nouveaux promus doivent être des promues. En 2015 et 2016, 30 %. En 2018 et au-delà, 40 %. En cas de non-respect, l'amende est salée : 90 000 euros par poste manquant et par an. Une grosse somme pour le petit Quai d'Orsay. Si bien qu'à partir de l'été 2012 et au grand désarroi de la gent masculine, un mot d'ordre commence à obséder la hiérarchie du ministère des Affaires étrangères : « Trouvez des femmes ! »

Mission difficile. « Je passe des week-ends frénétiques à chercher des candidates possibles pour des

---

[1]. Entretien avec l'auteur, le 8 octobre 2015.

postes qui seront affectés au Conseil des ministres le mercredi suivant[1] », raconte un haut responsable de la maison. Mais le pari est tenu. Dans un document interne du 14 novembre 2014[2], le ministère se félicite que les femmes représentent 29 % des primo-nominations de cadres – contre 11 % deux ans auparavant. Mais on est loin – très loin – de ce grand remplacement dont la perspective terrifie certains hommes. Certes, selon le même document, 46 % des chefs de bureau sont désormais des cheffes. Mais, dès que l'on monte dans les hautes sphères, le pourcentage diminue comme peau de chagrin.

Seuls 16 % des consulats sont confiés à des consules. Idem pour les ambassades : il y a 39 ambassadrices sur 180, soit à peine 17 % du total, une proportion qui stagne depuis plusieurs années. Et encore ces postes sont-ils le plus souvent dans des capitales de seconde zone. « On expédie les filles dans les Balkans, dont tout le monde se f...[3] », révèle un diplomate. Et de fait, dans cette région le taux de féminisation grimpe à... 80 % ! Aussi incroyable que cela paraisse, la France est représentée par des ambassadrices au Kosovo, en Croatie, en Serbie, en Bosnie et au Monténégro. Il ne manque que l'Albanie.

Les femmes sont également envoyées dans les pays les plus déshérités, dont personne ne veut : l'Ouganda, la Namibie, le Botswana, Haïti ou Madagascar. On leur

---
1. Entretien avec l'auteur, le 7 février 2015.
2. Ministère des Affaires étrangères et du Développement international, comité interministériel des droits des femmes et de l'égalité entre les femmes et les hommes, feuille de route, 14 novembre 2014.
3. Entretien avec l'auteur, le 25 octobre 2015.

confie des représentations françaises auprès d'organisations internationales pas très prestigieuses : conférence pour le désarmement, le Conseil de l'Europe ou l'Organisation pour la sécurité et la coopération en Europe (OSCE) à Vienne. Et puis on gonfle les statistiques en leur inventant des postes d'ambassadrice sans... ambassade, « thématiques » comme l'on dit, c'est-à-dire tout et n'importe quoi[1]. Un exemple ? Une certaine Marine de Carné de Trécesson de Coëtlogon, issue d'une vieille famille bretonne, est, tenez-vous bien, ambassadrice « chargée de la bioéthique et la responsabilité sociales des entreprises ». À quoi sert-elle ? Mystère.

Aucune femme à New York

Les « grandes » ambassades – les postes « Dior », comme on dit au Quai – confiées à une femme se comptent presque, elles, sur les doigts d'une seule main : Londres, Rome, Johannesburg, Mexico, Kiev et Rome. Et Sylvie Bermann est toujours la seule ambassadrice auprès de l'un des cinq pays membres permanents du Conseil de sécurité : elle se retrouve aujourd'hui en Grande-Bretagne, son poste à Pékin ayant été « rendu » à un homme. Enfin, alors que, de Jeane Kirkpatrick dans les années 1980 à Samantha Power aujourd'hui, quatre Américaines ont déjà représenté leur pays aux Nations unies à New York, aucune Française n'a encore eu cet honneur.

---

1. Voir le chapitre « Dans le couloir de la mort », p. 225.

Après l'éviction de Nathalie Loiseau par Laurent Fabius en 2012, le comité de sélection des ambassadeurs, qui propose des candidats au ministre, n'a, pendant trois ans, comporté qu'une seule femme, et encore s'agissait-il de la présidente de Femmes et diplomatie, désignée afin que le groupe n'apparaisse pas trop machiste mais dont l'avis n'est que… consultatif. Une seconde femme y siège depuis la nomination, le 14 janvier 2016, d'Hélène Farnaud-Defromont comme directrice générale de l'administration.

Ce n'est pas tout. Quelques postes majeurs au « Département », c'est-à-dire dans les bureaux parisiens, sont depuis peu confiés à des femmes. La direction générale de la mondialisation est chapeautée par la normalienne énarque Anne-Marie Descôtes. Mais les trois plus importantes – direction du cabinet, secrétariat général et direction générale des affaires politiques – n'ont jamais été pilotées par une diplomate. « Le matin, à la réunion des directeurs, nous sommes toujours aussi minoritaires[1] », dénonce Kareen Rispal.

Et ce n'est pas près de changer. Le scénario catastrophe tant redouté par les hommes n'est pas pour demain, ni après-demain. Oui, les postes subalternes sont déjà majoritairement occupés par des femmes, comme dans toute l'administration. Mais, malgré ce qu'ils croient, le pouvoir des mâles n'est pas menacé : le « vivier » des femmes cadres est trop restreint et le restera. Certes, du fait de la discrimination positive, quelques femmes sont intégrées plus rapidement que les

---

1. Entretien avec l'auteur, le 3 avril 2015.

hommes dans les grades supérieurs. Mais cela concerne très peu de personnes.

Machisme quand tu nous tiens

Pour prouver leur fait, certains anxieux brandissent le tableau d'avancement 2016[1] dans le grade de ministres plénipotentiaires hors classe, le summum du Quai. Et quoi ? La moitié des promus sont des femmes. Oui, mais sur un total de... quatre. Effectivement la qualification de l'une des deux élues peut être discutée. Mais regardons les autres tableaux d'avancement. Sur les vingt-sept nouveaux conseillers hors classe, seulement sept femmes, soit même pas 30 %, et ce ratio est à peu près le même pour les ministres plénipotentiaires de première et deuxième classe. Au total, de 2012 à 2015, le pourcentage de femmes parmi les cadres A est resté pratiquement... stable : il est passé péniblement de 29 à 33 %[2] ! Autrement dit, encore une fois, on est loin, très loin, du grand remplacement tant redouté.

En fait, « la mise en œuvre de la loi Sauvadet constitue un véritable défi pour l'encadrement supérieur où le taux de féminisation est encore insuffisant », est-il écrit dans le document interne. Le pronostic est sans appel : « Le nombre insuffisant d'élèves féminins de l'ENA qui choisissent le Département demeure un obstacle à la féminisation des effectifs des corps A+. »

---

1. Signé par Laurent Fabius, le 14 décembre 2015.
2. Bilan du ministère pour le Haut Conseil à l'égalité entre les femmes et les hommes, 11 septembre 2015.

En 2015, une seule énarque a rejoint le Quai, bien que, rappelons-le, la directrice de l'ENA, Nathalie Loiseau, soit, elle-même, diplomate ! Autrement dit, ce métier qui fascine tant les hommes ne fait pas rêver les jeunes femmes. Peut-être parce que le Quai rechigne à mettre en place des horaires adaptés aux jeunes mères et pères de famille, comme cela se pratique au Foreign Office britannique. Et probablement en raison de sa réputation machiste...

Pourquoi ce malaise perceptible chez beaucoup d'hommes au Quai d'Orsay ? Certains se disent dégoûtés par de récentes nominations d'ambassadrices. Selon eux, plusieurs promues en 2015 – deux en réalité, à Kiev et à la conférence sur le désarmement à Genève... – sont trop jeunes, trop inexpérimentées, et n'ont été choisies qu'en raison de leur sexe.

La représentante de la France en Ukraine depuis septembre 2015, Isabelle Dumont, n'a que trente-neuf ans. Mais cette normalienne, longtemps sous-directrice de la région au Quai, était la seule diplomate russophone auprès de François Hollande lors des difficiles négociations de Minsk entre les présidents Poutine et Porochenko. Pourquoi ne pas lui donner sa chance ? Laurent Fabius n'a-t-il pas bombardé, également en septembre 2015, le talentueux énarque David Bertolotti, trente-huit ans, qui l'a assisté lors des discussions sur le nucléaire iranien à Genève, ambassadeur en Jordanie – nomination dont aucune femme ne s'est plainte...

Il n'y a qu'une seule explication possible à ce désarroi manifeste des hommes : dans leur ensemble,

LA PANIQUE DES MÂLES

les mâles du Quai d'Orsay n'admettent toujours pas l'intrusion des femmes dans ce qui a été leur chasse gardée, leur terrain de jeu, leur territoire exclusif pendant plus de quatre siècles, depuis la création du secrétaire d'État aux Affaires étrangères en 1589.

13

Bourses vides et poches percées

Le Quai d'Orsay et l'argent : quelle tragi-comédie ! Entre gabegie et radinerie, ce ministère gère de façon de plus en plus erratique les 4,5 milliards d'euros qui lui sont attribués chaque année.
    Un exemple ? Le 29 octobre 2015, réunion de la commission des Affaires étrangères du Sénat. Le rapporteur du budget, Éric Doligé, sénateur Les Républicains du Loiret, est excédé. La politique du Quai est à la multiplication des visas. C'est bon pour le tourisme et les affaires. Pour y arriver, il faut aller plus vite que les pays d'accueil concurrents. Laurent Fabius a ainsi décidé de généraliser l'utilisation d'appareils mobiles, appelés BioNet. L'idée : à partir de 2017, des agents consulaires se déplaceront avec ces nouvelles machines, dans les villes d'Amérique ou de Chine, afin de recueillir sur place les données biométriques des demandeurs de visa. Pas bête.
    Seulement voilà : ces outils développés par la firme française Thales sont, d'après Éric Doligé, « coûteux et inefficaces[1] ». « Le système BioNet a d'ores et déjà coûté

---

1. Compte rendu des travaux de la commission des Affaires étrangères et des Forces armées du Sénat, le 29 octobre 2015.

plus de 10 millions d'euros à l'État pour cent soixante appareils installés, soit environ 62 500 euros [pièce], déplore, effaré, le sénateur devant ses collègues, alors que les [machines] allemandes représentent un coût de location de 4 600 euros par an. » Ce n'est pas tout. « Les appareils, lourds et complexes, tombent très régulièrement en panne. [...] Pis : [dans ce cas] le service de réparation de Thales est particulièrement lent à répondre aux sollicitations des prestataires. » Une gabegie totale.

Un autre exemple tout aussi récent : entre 2014 et 2015, le Quai d'Orsay a perdu plus de 150 millions d'euros à cause de la baisse de la devise européenne par rapport au dollar et au franc suisse. Cette perte de change était-elle inévitable ? Non. Les financiers auraient pu « se couvrir à terme », comme ils disent, c'est-à-dire acheter des dollars par avance. Ils assurent qu'ils n'en avaient pas le droit – une convention entre le ministère des Affaires étrangères et la direction du Trésor, signée en 2006, limite le recours à de telles pratiques ; sauf qu'en réalité, selon la Cour des comptes[1], « cette possibilité n'était ni formellement interdite ni clairement encadrée par la convention ». Le ministre Fabius aurait donc pu demander à Bercy sa mise en œuvre.

Pourquoi a-t-il attendu un an ? Parce que, pendant cette période, il était trop occupé à mener sa guerre avec le Trésor dont il voulait annexer les activités internationales[2] ? La question n'est pas anodine : avec

---

1. « Les contributions internationales de la France, 2007-2014 », octobre 2015.
2. Voir le chapitre « Fabius Imperator », p. 103-107.

134 millions d'euros en plus, le Quai d'Orsay aurait pu tripler – oui, tripler ! – le montant total des bourses scolaires qu'il a attribué en 2015 aux enfants d'expatriés français aux revenus modestes – montant en chute libre depuis quelques années.

Dans le même rapport, la Cour des comptes relève que le Quai d'Orsay a également omis de récupérer la bagatelle de 13 millions de dollars auprès de l'ONU, pour des frais budgétés par l'Organisation mais non engagés. Avec une telle somme, le ministère aurait pu, en 2015, multiplier par six ses crédits à la rénovation de ses ambassades et de ses consulats qui, comme on l'a vu, sont, faute de budget dédié, très mal entretenus. Encore du gâchis. Ce qui n'empêche pas le Quai de chercher à grignoter quelques euros ici et là, au risque de déclencher des guerres ridicules avec d'autres administrations.

Fabius contre Hidalgo

Le conflit le plus hallucinant l'oppose à la mairie de Paris. Depuis deux ans, Anne Hidalgo ne veut plus prendre en charge certains frais engagés lors des visites d'État de dirigeants étrangers. À ces occasions, les techniciens municipaux pavoisent, avec des engins spécialisés, les grandes avenues. Depuis 2014, la mairie facture ce travail au service du protocole du Quai... qui refuse de payer. Ce n'est pas tout. Les hôtes de ces visites d'État ont droit à une remontée des Champs-Élysées en cortège avec motards. Mais, afin que cette traversée se déroule en majesté, la route doit être dégagée. Il faut démonter les feux rouges et les musoirs, les plots séparant les voies, qui restreignent le passage ; puis les remonter. Là encore l'Hôtel de Ville demande au ministère des Affaires étrangères de régler la note. En vain. Alors, désormais, les techniciens ne touchent plus à rien. Les cortèges officiels empruntent « la plus belle avenue du monde » sur une seule moitié de l'artère, en faisant bien attention de ne cogner ni les feux rouges ni les musoirs... Misère.

Et puis, souvent, le Quai réduit les dépenses les plus faciles à couper, sans se soucier de leur importance réelles. Dans le budget 2016, les moyens affectés à « la coopération de sécurité et de défense » – autrement dit la formation des cadres militaires dans les pays très pauvres – ont chuté de 15 % pour atteindre péniblement les 25 millions d'euros ! Parce que cela ne sert à rien ? Vous n'y êtes pas.

Simplement parce que « cette dotation a le malheur d'être l'une des rares qui soit flexible[1] », écrit, abasourdi, le rapporteur, le député Philippe Baumel. Une stratégie de courte vue qui, selon lui et beaucoup d'autres, nuit gravement « à nos grands intérêts diplomatiques ». Car, déplore-t-il, « la défaillance des forces militaires ou de sécurité de certains de nos alliés traditionnels dans la lutte contre les mouvements terroristes nous oblige parfois à intervenir directement (par exemple au Mali) ».

Les sénateurs Christian Cambon et Leila Aïchi sont plus précis encore : « Alors que les opérations [militaires

---

1. Assemblée nationale, avis n° 3113 de Philippe Baumel sur le projet de loi de finances 2016, octobre 2015.

françaises] dans la bande sahélo-saharienne, notamment au Mali, [ont] coûté, cette année, 566,2 millions d'euros, comment expliquer que les crédits consacrés à la prévention et à la consolidation des capacités de sortie de crise de nos partenaires africains, pourtant modestes, soient continûment diminuées[1] ? » demandent-ils, inquiets d'un tel aveuglement.

La même question se pose pour les dons aux pays les plus pauvres. Depuis 2008, le ministère des Affaires étrangères a décidé de réduire drastiquement cette aide directe, qui, en huit ans, a été divisée par... quatre, passant de 800 à 200 millions d'euros. « C'est comme cela que nous avons perdu pied au Sahel, confie un ancien haut responsable de l'Agence française de développement. À l'époque, tout le monde savait qu'en ne nous occupant plus des écoles, des routes ou des hôpitaux de cette région déshéritée, nous laisserions se développer une offre alternative, celle des intégristes islamistes. Mais, dans les bagarres budgétaires, le Quai a préféré défendre son réseau que cette aide-là. Nous voyons le résultat[2]. » La comparaison avec la stratégie adoptée à Berlin est pathétique. Depuis 2011, la GIZ, agence allemande de coopération internationale, accorde, elle, 1 milliard de dons aux pays très pauvres – cinq fois plus que le Quai !

---

[1]. Sénat, avis sur la loi de finances « Action extérieure de l'État », par Christian Cambon et Leila Aïchi, 19 novembre 2015.
[2]. Entretien avec l'auteur, le 9 juin 2015.

Unicef, HCR, PAM… une honte française

Il y a plus grave encore. La France s'enorgueillit de son action aux côtés des Nations unies. Il est vrai qu'elle occupe son siège de membre permanent du Conseil de sécurité avec beaucoup de zèle. Selon les calculs de sa mission à New York, Paris et Londres sont les deux capitales à l'origine du plus grand nombre de résolutions issues de ce prestigieux conseil. Mais il y a le travail quotidien moins glamour, celui des agences de l'ONU qu'il faut financer. Et là, le bilan du Quai d'Orsay est bien moins reluisant. Il est même affligeant.

Notre pays n'est que le dix-neuvième contributeur au Programme alimentaire mondial (PAM) qui lutte contre la faim dans le monde[1]. La Grande-Bretagne et l'Allemagne donnent dix fois plus que nous et sont classées deuxième et troisième. Nos amis britanniques sont les premiers donateurs à l'Unicef, l'agence chargée de l'enfance ; nous, les seizièmes. Concernant le Haut Commissariat aux réfugiés (HCR), les Britanniques trustent la quatrième place ; nous, la quatorzième. Ces chiffres ne sortent pas d'un brûlot publié par une ONG en colère, mais d'un rapport de la Cour des comptes d'octobre 2015. Et, malgré ce que l'on pourrait croire, les auditeurs des finances publiques ne se réjouissent pas du tout de ce misérable apport de la France aux agences onusiennes. « La limitation des contributions françaises, écrivent-ils, est à mettre en rapport avec la croissance

---
1. Chiffres de 2015.

exponentielle des besoins qui place le système humanitaire des Nations unies face à une crise financière sans précédent[1]. » Bref, d'après eux, la France donne dramatiquement peu.

Mais attention, les gestionnaires du Quai sont malins. Ils contribuent juste assez pour que nos diplomates aient du pouvoir dans ces organisations. « Le ministère des Affaires étrangères, dévoilent les auditeurs, se donne pour objectif de consentir l'engagement financier lui permettant d'atteindre la limite statutaire d'accès aux groupes de travail. » La France veut influer, sans payer ! Ce que la Cour des comptes appelle « la stratégie de présence à moindre coût ». Pas très glorieux. Ni très sérieux. La Grande-Bretagne analyse les performances de chaque organisation à laquelle elle contribue et les compare avec ce qu'elle en attend. Cette « *multilateral aid review* » occupe des dizaines de personnes. Le Quai, lui, choisit les montants qu'il attribue au doigt mouillé, sans étude digne de ce nom. Un audit régulier à l'anglo-saxonne n'est pourtant pas « une pratique hors de portée du ministère », persifle la Cour, moqueuse.

N'accablons cependant pas les financiers du Quai de tous les maux. Ils ne maîtrisent pas certains paramètres importants de leur budget. Dès que l'on parle argent, les diplomates finissent toujours par murmurer : « Regardez combien on est forcés de donner pour la lutte contre le sida. » L'an dernier, c'était 360 millions d'euros. Cette décision ne relève pas du ministre mais du président de la République, en personne. Elle tombe

---

1. « Les contributions internationales de la France, 2007-2014 », Cour des comptes, octobre 2015.

207

tous les ans au moment des vœux au corps diplomatique qui, chaque fois, prie pour que le chef de l'État décide de diminuer l'apport de la France. En janvier 2016, leurs espoirs ont été déçus. François Hollande s'est engagé à donner encore 360 millions.

Il y a d'excellentes raisons à cette forte contribution française au Fonds mondial de lutte contre le sida, la tuberculose et le paludisme (FMLSTP), une ONG qui ne dépend pas de l'ONU. La France en est l'un des pays cofondateurs, en 2002, sous la présidence de Jacques Chirac. Depuis, elle est, derrière les États-Unis, la deuxième donatrice pour cette organisation à l'utilité incontestable : le fonds a fourni, en 2015, des traitements antirétroviraux à plus de 8 millions de personnes. « Oui, mais notre contribution de 360 millions d'euros est disproportionnée par rapport à notre budget, explique un haut responsable de la maison. Elle équivaut au montant total, hors masse salariale, des frais de fonctionnement de l'ensemble du ministère. Et, alors que notre contribution au fonds sida a été multipliée par sept depuis 2002, notre budget, lui, a diminué ! Pourquoi ne pas la faire payer au ministère de la Santé, qui est bien plus riche que nous[1] ? »

Le coût du siège au Conseil de sécurité

Les finances du Quai souffrent aussi du coût particulier du siège de la France comme membre permanent

---

1. Entretien avec l'auteur, le 8 novembre 2015.

du Conseil de sécurité. Ce statut spécial n'a pas d'impact sur la contribution obligatoire de Paris au budget courant de l'ONU. La part de chaque pays – 4,85 % pour la France – est le résultat d'un calcul savant qui tient compte de son poids dans l'économie et la démographie mondiales. En revanche, les cinq membres permanents contribuent proportionnellement plus que les autres aux financements des opérations de maintien de la paix (OMP). C'est la règle. Pour la période 2016-2018, la part de la France est de 6,31 %, soit 476 millions d'euros par an. Si elle payait à hauteur du même pourcentage que sa contribution au budget ordinaire, elle ne débourserait que 365 millions. Autrement dit, rien que pour les OMP, son siège de permanent « coûte » plus de 110 millions d'euros au budget du Quai[1] !

Et il a un autre prix, caché celui-là. À son arrivée au ministère, Laurent Fabius a demandé une étude sur l'étendue du réseau diplomatique français, qui était, en 2012, le deuxième au monde derrière celui des États-Unis. Par souci d'économie et de rationalisation, les services du Quai ont proposé des regroupements régionaux d'ambassades et de consulats, comme le font l'Allemagne et la Grande-Bretagne. Mais le ministre Fabius a refusé au nom de la sacro-sainte « universalité du réseau », principe énoncé pour la première fois, en 2008, dans le « Livre blanc » sur la politique étrangère française[2]. Il ne faut pas « ramener le drapeau », comme

---
1. Calcul de l'auteur.
2. « Livre blanc sur la politique étrangère et européenne de la France, 2008-2020 », sous la présidence d'Alain Juppé et Louis Schweitzer.

disent les diplomates. Même si les budgets baissent. Pourquoi ? Parce que, pour justifier son siège de membre permanent, un privilège accordé en 1945, la France doit sans cesse prouver qu'elle est toujours l'un des très rares acteurs diplomatiques globaux.

Alors, sous l'amicale pression de la Cour des comptes[1], le Quai a inventé les PPDFTA : les postes de présence diplomatique à format très allégé. Des ambassades croupions composées parfois seulement d'un chef de poste, d'un adjoint et d'une secrétaire. Il y en a aujourd'hui treize. C'est ainsi, de façon assez artificielle, que la France a réussi à ne perdre qu'une seule place dans le classement des réseaux, au profit de la Chine, et qu'elle peut prétendre, grâce à ses cent soixante-dix-neuf ambassades et quatre-vingt-douze consulats dans le monde, au statut envié de troisième puissance diplomatique mondiale. Ravi d'avoir trouvé la martingale pour rester parmi les grands, le Quai veut ainsi créer douze nouveaux PPDFTA d'ici 2017. Députés et syndicats lui demandent de ne pas se précipiter, d'attendre les résultats des premières ambassades croupions avant d'en créer d'autres. Il refuse. Pour faire des économies.

---

1. Référé sur l'évolution du réseau diplomatique français depuis 2007, Cour des comptes, 13 février 2013.

14

Ambassadeurs à louer

Au Quai d'Orsay, on les appelle les « dignitaires ». Ce sont les très rares diplomates de haut rang qui ont été élevés à la dignité d'ambassadeur de France par le président de République. Il s'agit d'un titre honorifique, équivalent à celui de maréchal de France pour les militaires, conféré, en fin de carrière, à la crème de la crème – comme Paul Claudel ou Saint-John Perse en leur temps. Il permet à leurs titulaires de conserver leur passeport diplomatique et de continuer à se faire appeler officiellement « Monsieur l'Ambassadeur de France » ou « Votre Excellence » jusqu'à la fin de leurs jours – au lieu d'un bien moins chic « ancien ambassadeur ».

Un « dignitaire » touche 500 euros de plus par mois. La tradition veut qu'il y en ait cinq en activité – et pas de femme, jusqu'à présent. Avec les retraités, ils sont une quarantaine toujours en vie. La prestigieuse carte de visite d'« ambassadeur de France » permet à certains d'entre eux de monnayer leurs services, de façon parfois contestable.

Jean-Marc Simon est fait « dignitaire » par Nicolas Sarkozy en avril 2011. Il est alors ambassadeur à

Abidjan, en Côte d'Ivoire, depuis deux ans. De l'avis général, il a plutôt bien géré la grave crise postélectorale qui a opposé Alassane Ouattara à Laurent Gbagbo. Trapu, bronzé et l'œil pétillant, Jean-Marc Simon est l'incarnation de la Françafrique. Directeur adjoint de cabinet de Michel Roussin, ministre de la Coopération d'Édouard Balladur, il a été ambassadeur dans les pays plus importants de l'ex-empire français : Sénégal, Gabon, Centrafrique et Côte d'Ivoire dont il tutoie tous les dirigeants.

En 2012, à soixante-cinq ans, il quitte le Quai d'Orsay. Mais pas le continent noir. Il crée immédiatement une société de conseil, Eurafrique Stratégies. « Je mets en contact des entreprises françaises avec des responsables africains, particulièrement ivoiriens et gabonais[1] », explique-t-il dans un bureau qu'il loue à la journée dans le très sélect VIIIe arrondissement de Paris. Une reconversion qui fait jaser.

Les « ripoux de la diplomatie »

Une commission de déontologie de la fonction publique a été créée en 1993 et installée deux ans plus tard, justement pour traiter ce genre de cas limite – de potentiel conflit d'intérêts – et dire le droit. En ce qui concerne le « pantouflage » des diplomates retraités dans le secteur privé, elle a fixé sa position dans un texte du 9 septembre 1999. Elle est stricte. « La nature des fonctions que [les agents] ont exercé au Quai

---

[1]. Entretien avec l'auteur, le 6 octobre 2015.

d'Orsay, écrit-elle, n'est généralement pas de nature à rendre malaisé leur départ. Cependant, un ancien ambassadeur ne doit pas entrer en contact pour le compte d'une entreprise avec les autorités du pays où il a représenté la France. » Depuis, elle n'a jamais changé de point de vue. Elle a seulement précisé le délai de viduité pendant lequel il ne doit y avoir aucun contact : trois ans. Cette restriction concernant les ambassadeurs a été rappelée dans tous ses rapports annuels – jusqu'au dernier, publié en juin 2015. Mais, dans la pratique et particulièrement lorsqu'il s'agit de « dignitaires », elle est beaucoup plus coulante...

Jean-Marc Simon a été auditionné par la commission de déontologie en 2012. « Certains de ses membres considéraient effectivement que je ne pouvais pas retravailler en Côte d'Ivoire avant trois ans », reconnaît-il. Mais il assure que finalement le président de la commission ne les a pas écoutés. Il a donné son feu vert à la reconversion immédiate du « dignitaire » et cela, en complète contradiction avec le principe maintes fois rappelé. Pourquoi cette volte-face ? Impossible de savoir. Quelques semaines après avoir représenté la France à Abidjan, Son Excellence Jean-Marc Simon est donc bien revenu voir ses amis ivoiriens, ministres et président, cette fois pour le compte d'entreprises privées. « Vous trouvez cela choquant ? » demande l'intéressé, en souriant.

Il n'est pas le premier ambassadeur de France à se reconvertir dans les affaires dès le premier jour de sa retraite, de façon controversée. Il y a les cas extrêmes de Jean-Bernard Mérimée et Serge Boidevaix, élevés

« dignitaires » en 1999 et 1992, que *L'Express* qualifie de « ripoux de la diplomatie[1] » pour leur implication dans le scandale « Pétrole contre nourriture » en Irak. Ils ont tous les deux occupé les postes les plus prestigieux : Mérimée comme représentant de la France aux Nations unies à New York et Boidevaix comme secrétaire général du Quai d'Orsay, position la plus importante dans la maison après celle du ministre. Pour arrondir leur retraite de « dignitaires », les deux compères valorisaient leur contact avec le régime de Saddam Hussein et notamment avec son chef de la diplomatie, Tarek Aziz[2].

À la fin des années 1990, l'Irak est sous embargo total mais a le droit de céder quelques milliers de barils de pétrole en échange de nourriture. Libre au gouvernement de Bagdad de choisir les firmes auxquelles il attribue ce petit quota autorisé. Grâce à Boidevaix, la compagnie pétrolière suisse Vitol en rafle une partie. Pour son travail très efficace, l'ambassadeur de France reçoit une commission équivalente à 450 000 dollars. Mérimée, lui, touche 156 000 dollars pour avoir effectué un job équivalent d'intermédiaire – somme que le « dignitaire » dépose dans une banque marocaine et oublie de déclarer au fisc... Les deux « ripoux » sont poursuivis pour « trafic d'influence et corruption passive » depuis 2005 par la justice française[3].

---

1. « Irak : les ripoux de la diplomatie », 29 novembre 2005.
2. Décédé en prison en juin 2015.
3. En septembre 2009, le parquet a demandé leur renvoi devant un tribunal correctionnel. Les prévenus furent relaxés en première instance, le 8 juillet 2013, mais le parquet a, le 29 octobre 2015, requis en appel 75 000 euros d'amende contre les deux « dignitaires ».

Après cette mise en examen infamante pour le Quai, le ministre des Affaires étrangères de l'époque, Philippe Douste-Blazy, institue en 2006 un comité d'éthique dont la mission est de rédiger un guide de déontologie à l'intention des diplomates. Sur le sujet des conflits d'intérêts potentiels pour les ambassadeurs à la retraite, ce texte de 212 pages reprend la jurisprudence établie, comme on l'a vu, quelques années plus tôt par la commission de déontologie de la fonction publique, et notamment la règle des trois ans de viduité. Mais celle-ci n'en sera pas plus respectée pour autant.

Les offres du « parrain du capitalisme »

Prenez le cas de Loïc Hennekinne. En 2001, il est secrétaire général du Quai d'Orsay. Comme il a vent des contacts entre les deux Excellences et Bagdad, il écrit à Serge Boidevaix, son prédécesseur. Il lui demande instamment de « ne pas s'écarter des règles de déontologie ». « Plus que jamais, écrit-il, nous devons être irréprochables. La dignité d'ambassadeur de France vous confère à cet égard une responsabilité particulière, celle d'un comportement exemplaire, ne pouvant donner lieu à la moindre suspicion, à la moindre critique[1]. » Une belle leçon de morale qui ne sera pas entendue, et que lui-même oubliera vite quand le temps de sa propre retraite aura sonné quatre ans plus tard.
En 2005, le « dignitaire » Loïc Hennekinne termine sa brillante carrière au palais Farnese, comme ambassadeur

---

[1]. Lettre révélée par *L'Express* du 29 novembre 2005.

de France à Rome. Cet énarque, ancien conseiller diplomatique de François Mitterrand, est l'incarnation de la gauche au Quai d'Orsay. Il y a créé la première section PS et le premier syndicat CFDT au début des années 1970. Comment l'ancien militant va-t-il meubler sa retraite ? En s'engageant dans une fondation humanitaire ? En créant une école pour les déshérités ? Las...

Un ami banquier, surnommé le « parrain du capitalisme français », Antoine Bernheim, lui propose d'entrer au conseil d'administration de la grande compagnie italienne d'assurances Generali qu'il préside. Les jetons de présence sont tout à fait confortables. L'ancien syndicaliste accepte, sans l'ébruiter. Quand il apprend la chose, son successeur au palais Farnese, Yves Aubin de La Messuzière, authentique homme de gauche qui se reconvertira comme président bénévole de la Mission laïque française, lui écrit. Il lui dit qu'il regrette de ne pas avoir été informé de cette nomination et, surtout, lui rappelle que ce « pantouflage » dans une firme italienne est apparemment contraire aux règles éthiques, notamment celle des trois ans.

La commission de déontologie est saisie. Mais là encore, sa décision tranche avec le principe général plutôt raisonnable qu'elle professe. Elle donne son feu vert « sous réserve que [M. Hennekinne] s'abstienne d'intervenir en faveur de cette société auprès des autorités italiennes ». Qui va vérifier que le « dignitaire » respecte cette instruction, qui paraît bien difficile à suivre ? En théorie, le Quai d'Orsay. En pratique, personne – ce qui évidemment ne signifie pas que Loïc Hennekinne y a dérogé.

Le « dignitaire » contre-attaque

Un autre ancien secrétaire général du Quai d'Orsay, lui aussi ambassadeur de France à vie, est passé devant cette commission qui ressemble à s'y méprendre à une chambre d'enregistrement. Il s'agit de Gérard Errera, secrétaire général et donc numéro deux du ministère sous Bernard Kouchner après avoir été ambassadeur à Londres pendant cinq ans. Quelques jours après avoir quitté la maison, en mars 2009, ce personnage à la fois admiré et redouté par ses collègues diplomates est recruté par la grande banque américaine d'investissement Blackstone, d'abord comme conseiller spécial, puis comme président de sa filiale française. Lorsqu'elle annonce son embauche, la compagnie insiste sur l'impressionnant cursus diplomatique de Gérard Errera. Elle n'oublie pas non plus de mentionner qu'en tant secrétaire général du Quai, il siégeait aux conseils d'administration de deux firmes stratégiques, EDF et Areva, comme représentant de l'État.

Comme il en a le devoir, le directeur général de l'administration du ministère des Affaires étrangères saisit la commission de déontologie, qui est présidée par un conseiller d'État. Et, surprise, celle-ci donne un avis défavorable au pantouflage du « dignitaire » et annonce sa décision négative par lettre à l'intéressé. Mais Gérard Errera connaît parfaitement les arcanes de la haute administration et notamment les méandres de sa justice, puisque son frère siège au Conseil d'État. Notons aussi que son fils, Philippe, vient, quant à lui, d'être nommé directeur de cabinet du ministre des Affaires étrangères,

Bernard Kouchner. Quoi qu'il en soit, la commission accepte de réétudier le dossier et l'invite à comparaître en mai 2009, après que le diplomate a répondu par écrit à un long questionnaire sur Blackstone.

Gérard Errera rappelle qu'il n'est pas le premier « dignitaire » à pantoufler dans une banque américaine. Avant lui, François Bujon de l'Estang, ambassadeur de France aux États-Unis jusqu'en juin 2002, a été nommé patron de la branche française de Citigroup, six mois après la fin de sa mission au Quai. Il évoque aussi le cas de Jean-Pierre Jouyet, à l'époque président de l'Autorité des marchés financiers, devenu en 2005 président de Barclays France peu de temps après avoir dirigé le Trésor.

Est-ce cet argument qui a pesé ou l'entregent de Gérard Errera ? Quoi qu'il en soit, les sages changent de point de vue et donnent un avis favorable à l'intégration du jour au lendemain du second personnage du Quai d'Orsay dans la filiale française d'une banque d'affaires américaine fondée par des anciens de Goldman Sachs...

Certes, plusieurs membres de l'instance de déontologie estiment que, du fait de ses nouvelles activités, l'ancien secrétaire général ne devrait plus être autorisé à fréquenter son ancienne maison. Mais le président de la commission balaie cette réserve d'un revers de main. Pourquoi ? Sans doute pour des raisons pratiques...

Remarquons qu'aujourd'hui les bureaux de Gérard Errera occupent un étage dans un immeuble haussmannien du boulevard Saint-Germain à Paris, à seulement quelques centaines de mètres du Quai d'Orsay, où le « dignitaire » a longtemps continué à se rendre.

Les bonnes affaires de « Diplomator »

Et puis, à tout seigneur tout honneur, il y a le cas de Jean-David Levitte, alias Diplomator. Le plus capé de nos diplomates a été le conseiller diplomatique de deux présidents – Chirac et Sarkozy –, ambassadeur aux États-Unis et représentant de la France à l'ONU. Évidemment, lui aussi a été élevé à la dignité d'ambassadeur de France. Dès qu'il quitte l'Élysée, en juin 2012, Diplomator est très sollicité. Il commence par créer sa propre structure, JDL Conseil. Puis il rejoint, comme intervenant à temps partiel, deux think-tanks particulièrement renommés, basés à Washington, Brookings et Atlantic Council. Il donne également des cours à Sciences Po Paris et prononce quelques conférences rémunérées.

Enfin et surtout, il est recruté comme *special adviser* par une société américaine de conseil, Rock Creek Global Advisor. « Nous faisons de l'analyse stratégique pour une quinzaine de grands groupes américains. C'est pourquoi je me rends régulièrement à Washington[1] », explique-t-il à la Closerie des Lilas, son nouveau quartier général quand il est à Paris. « Avec la commission de déontologie, ça a duré trente secondes : puisque Rock Creek a été créée six mois à peine avant mon départ de l'Élysée, il ne pouvait pas y avoir de conflit d'intérêts », assure-t-il.

Notons tout de même que la firme de consulting a été lancée un an – et non six mois – avant que Jean-David

---
1. Entretien avec l'auteur, le 7 mai 2015.

Levitte ne quitte la rue de l'Élysée, et que son fondateur n'est pas un quelconque homme d'affaires. Il a été un poids lourd de l'équipe de George W. Bush : Joshua Bolten. Il était directeur de l'administration présidentielle américaine quand Jean-David Levitte était le conseiller diplomatique de Nicolas Sarkozy à l'Élysée. Au regard de leur fonction respective, ces deux hommes ont forcément été en contact régulier. Cette proximité n'a-t-elle pas créé un risque de conflit d'intérêts ? Le fait qu'un proche collaborateur du chef de l'État pantoufle immédiatement dans un cabinet de conseil présidé par l'ancien numéro deux de la Maison-Blanche ne pose-t-il pas problème ? La commission de déontologie a jugé que non « en trente secondes ».

Aujourd'hui, les affaires vont plutôt bien pour notre dignitaire : d'après les documents comptables déposés au greffe, son activité de consultant, rémunérée via JDL conseil, lui a rapporté 1,2 million d'euros en 2014 – le gain s'élevait déjà 620 000 euros en 2013, l'année qui a suivi son départ de l'Élysée. Un record.

Il faut enfin évoquer le cas de deux diplomates qui se sont reconvertis dans le privé bien avant leur départ à la retraite : Daniel Parfait et Thierry Dana. Certes, ils ne sont « dignitaires » ni l'un ni l'autre, mais la bienveillance dont ils bénéficient est révélatrice de l'état d'esprit complaisant qui règne au Quai d'Orsay. Le premier, Daniel Parfait, est un énarque de la promotion Solidarité (1983), celle d'autres diplomates chevronnés tels Catherine Colonna, ancienne porte-parole de Jacques Chirac et actuelle ambassadrice à Rome, ou Bernard Emié, ambassadeur en Algérie. En 2008,

Nicolas Sarkozy nomme ce playboy, qui a été le compagnon de la sœur d'Ingrid Bétancourt, ambassadeur à Mexico. Là-bas, il mène grand train, épouse, en 2010, une célèbre créatrice de mode, Cristina Pineda. On célèbre la noce sur une plage de Puerto Vallarta où se pressent, entre autres célébrités, la présidente du parti au pouvoir qui arrive dans son yacht, et, excusez du peu, Carlos Slim, le deuxième homme le plus riche du monde[1].

En 2012, Daniel Parfait est remplacé comme ambassadeur. Mais il décide de rester en Amérique latine. La grande société française d'aéronautique Safran lui propose de prendre la direction de sa branche mexicaine, qui emploie trois mille personnes dans le pays.

La commission de déontologie est saisie. Bien que les trois ans de viduité ne soient pas respectés, elle l'autorise à prendre ce poste à la condition que l'ex-diplomate n'ait pas de relations avec les autorités mexicaines – ce qui évidemment n'a pas de sens dans ce genre de secteur.

Qu'importe. Daniel Parfait, qui avait participé à l'inauguration d'une usine de Safran quand il était ambassadeur, accepte le job. Puis il demande à être mis en disponibilité du Quai d'Orsay. Mais il ne démissionne pas. On ne sait jamais. Le ministère accepte. « Je me suis tenu aux conditions fixées par la commission de déontologie[2] », assure l'intéressé. Un exploit.

---
1. Avec 74 milliards de dollars, selon *Forbes* en 2015.
2. E-mail à l'auteur du 13 novembre 2015.

Retour à la case « Quai »

Le second, Thierry Dana, est un énarque de la promotion Louise Michel (1984), celle de Pierre Moscovici. C'est un spécialiste de l'Asie. De 1999 à 2002, il a été le conseiller du président Chirac sur ce dossier avant de prendre la direction Asie du Quai d'Orsay, et ce, jusqu'en 2005. Cette année-là, il demande à bénéficier du dispositif prévu par une nouvelle loi, dite « Dutreil », qui permet aux fonctionnaires de monter leur propre entreprise dans des conditions avantageuses. Et le voilà à la tête de TD Conseil, une structure de consulting à destination des entreprises françaises désireuses de s'installer en Chine. À son départ, la commission de déontologie émet un avis favorable sous réserve que Thierry Dana n'ait plus de contact avec la direction Asie du Quai…

« Je n'en ai pas eu[1] », assure le diplomate. « Je n'en avais pas besoin », précise-t-il, puisque ce sont les portes des ministères chinois qu'il devait ouvrir pour ses clients et non celles de son ancienne maison. Ce n'est qu'en partie vrai. Il a, c'est vrai, réussi en 2010 un joli coup en dénichant en Chine un partenaire financier au Club Med, Fosun. Mais, juste après son départ du Quai, il a aussi conseillé la société hongkongaise Shangri-la pour l'achat d'un immeuble de prestige à côté du Trocadéro à Paris – immeuble ayant appartenu à la famille Bonaparte qui sera transformé en hôtel de luxe trois ans plus tard. On ne voit pas pourquoi la firme

---

1. Entretien avec l'auteur, le 24 avril 2015.

chinoise a fait appel à Thierry Dana dès sa reconversion dans le privé, lui qui n'est pas un spécialiste en immobilier, si ce n'est pour ses relations dans la haute administration française. Remarquons d'ailleurs que l'immeuble abritait le siège d'Ubifrance et appartenait à l'État…

Finalement, après quelques années de vaches grasses, les affaires n'ont pas tourné aussi bien que Dana l'espérait. Alors, il a demandé à revenir au bercail, au sein de ce bon vieux Quai d'Orsay. Et, ni une ni deux, Laurent Fabius lui a, en juin 2014, offert, comme on l'a vu[1], l'un des postes les plus prestigieux de la République : ambassadeur de France au Japon. Le conseiller diplomatique de François Hollande, un ami de Thierry Dana, a favorisé cette nomination inespérée. Ce choix a fait grincer bien des dents au ministère, mais, comme d'habitude, personne n'a bronché.

---

1. Voir le chapitre « Sarkozy, Hollande et eux », p. 88-89.

15

Dans le couloir de la mort

Ce 17 avril 2014, les gestionnaires du Quai d'Orsay sont catastrophés. Le ministère vient de perdre un procès symbolique. Le plaignant est un diplomate chiraquien de cinquante et un ans, Yves Marek. Cet énarque accuse la hiérarchie de l'avoir laissé croupir sans affectation pendant six ans. Durant cette période, il n'a touché que son traitement de base – 4 000 euros net mensuels tout de même –, mais pas les primes qui arrondissent passablement le revenu des hauts fonctionnaires en fonction, même à Paris. En réparation pour cette mise au placard, le tribunal condamne le ministère des Affaires étrangères à verser à Yves Marek la somme rondelette de 90 000 euros.

Plus grave pour l'administration, la justice l'oblige à lui attribuer un emploi conforme à son grade de conseiller hors classe. Si bien que Laurent Fabius est contraint de lui dégoter un poste d'ambassadeur. N'importe lequel. Il le charge de... l'élimination des mines antipersonnel ! Ce n'est pas l'ambassade de France à Washington, mais l'intéressé jubile[1] : il a fait plier le

---
1. Entretien avec l'auteur, le 4 juin 2010.

Quai et va toucher 2 000 euros de plus par mois. Et puis, comme le job ne l'occupera que quelques heures par semaine, il pourra continuer d'assouvir sa passion : la variété française.

Une tuile ne tombe jamais seule. Trois mois plus tard, le tribunal administratif condamne une nouvelle fois le Quai d'Orsay pour la même raison. Cette fois, le plaignant s'appelle Hugues Pernet, ministre plénipotentiaire de première classe. Ce spécialiste de l'ex-URSS a fait une belle carrière dans l'ancien empire soviétique. Il a été le premier ambassadeur de France à Kiev, après l'indépendance de l'Ukraine en 1991, puis premier conseiller à Moscou et enfin ambassadeur à Tachkent, en Ouzbékistan – pour son malheur.

En 2010, pour une raison obscure, Hugues Pernet déplaît au dictateur local, Islam Karimov, qui demande à Nicolas Sarkozy de le remplacer. C'est chose faite l'année suivante. Et puis plus rien ! Pendant cinq ans, le distingué diplomate se morfond chez lui sans affectation – ce que le tribunal juge « illégal ». En mars 2015, la justice ordonne au Quai d'Orsay de lui trouver immédiatement un emploi, avec une astreinte de 500 euros par jour.

La menace est très efficace. Le ministère lui bricole un job du jour au lendemain : Hugues Pernet sera ambassadeur... « chargé de mission aux archives ». Il ne profitera pas longtemps de ce boulot exaltant : il part à la retraite quelques semaines plus tard.

« Ambassadeurs sur étagère »

Que faire des « ambassadeurs sur étagère », comme on dit au Quai d'Orsay, ces dizaines de hauts diplomates sans affectation, dont les collègues redoutent de croiser le regard dans les couloirs du ministère ? Comment occuper ces hommes et ces quelques femmes qui ont régné sur des ambassades à l'étranger avant de tomber en disgrâce, pour une bonne ou une mauvaise raison ? La question se pose depuis des lustres. En avril 2008, le sénateur Adrien Gouteyron remet un rapport explosif[1] à ce sujet. Sa conclusion est alarmiste : 238 diplomates ayant vocation à être ambassadeurs n'ont pas de poste ! Huit ans après, la situation ne s'est pas vraiment améliorée.

Le Quai d'Orsay a bien essayé de se débarrasser en douceur de ces « ambassadeurs sur étagère ». En 2007, la direction du personnel a institué une prime de fin d'activité. Ce dispositif de préretraite était réservé aux plus gradés, conseillers hors classe et autres ministres plénipotentiaires, âgés de cinquante-huit à soixante-deux ans et ayant au moins vingt-cinq ans de service. S'ils acceptaient d'être rayés des cadres, ils pouvaient toucher un pécule, jusqu'à 105 000 euros, et continuer de recevoir leur traitement de base et quelques primes pendant un ou deux ans. Mais très peu ont jugé l'offre alléchante. Le sénateur Gouteyron exige qu'on l'améliore. « Il faut d'urgence un plan de désengorgement »,

---

1. Rapport du 9 avril 2008, « Les cadres supérieurs du Quai d'Orsay : une réforme à engager d'urgence »

dit-il. Le Quai d'Orsay s'exécute fin 2011. Mais trente-sept hauts cadres seulement sur les dizaines espérées demandent à en profiter. Et pas forcément ceux que l'on attend.

En septembre 2013, Dominique de Villepin vient, en personne, tendre la sébile ! Ministre plénipotentiaire hors classe de cinquante-neuf ans, ayant été employé trente-trois ans au Quai d'Orsay, il a droit à cette prime de fin d'activité, même si ce n'est pas très élégant. Bonne fille, l'administration lui signe un chèque de 88 000 euros, alors que le patrimoine du sémillant DDV s'élève à plusieurs millions, qu'il n'est plus diplomate depuis... 1995 – à part ses deux années de ministre de 2002 à 2004 – et en disponibilité à sa demande depuis 2007.

Pour éviter que cette situation de sureffectif ne perdure, le sénateur Gouteyron propose aussi d'instituer une gestion des cadres digne de ce nom. En particulier la formule britannique du *up or go* : offrir une « deuxième carrière » dans le privé aux cadres de quarante-cinq ans qui, de toute évidence, ne grimperont pas. « C'est déjà le cas à Bercy, explique Hélène Duchêne, directrice des affaires stratégiques. Si, au bout de dix ans de service, un haut fonctionnaire du Trésor n'a pas réussi à être sous-directeur, on lui conseille de rejoindre la banque ou l'assurance. Les diplomates ont moins de débouchés naturels[1]. »

Pour les aider, le sénateur propose donc que le Quai d'Orsay imite le Foreign Office. La décision est prise. Mais, alors que l'organisme britanique a pu créer un

---

1. Entretien avec l'auteur, le 6 mai 2015.

grand service chargé de cette opération de reconversion, le ministère français n'a droit qu'à une seule personne ! « J'ai plaidé en faveur d'une politique de recasage dans le privé pour ceux qui n'ont pas été ambassadeur avant quarante-cinq ans, comme au Royaume-Uni, assure Jean-David Levitte, ex-conseiller diplomatique de Nicolas Sarkozy. Mais Bercy a refusé de débloquer les fonds nécessaires[1]. » Du coup, telle une armée mexicaine, le Quai doit toujours traîner, comme un boulet, une cohorte de vieux généraux désœuvrés.

Les recasés de la promotion Voltaire

Les plus chanceux parviennent à rebondir s'ils bénéficient d'un – gros – coup de pouce. Rien de mieux, ces dernières années, que d'être un ancien de la promotion Voltaire à l'ENA, celle de François Hollande. Guy Yelda en était. En 2008, Nicolas Sarkozy le nomme consul général à New York. Mais le job ne l'intéresse pas. Il est si peu mobilisé qu'il est rappelé au bout d'un an. On le place à la direction de la prospective. Il y reste pendant deux ans, quand, coup de chance, son copain de l'ENA entre à l'Élysée. Yelda fait antichambre, il veut être son chef du protocole. Il insiste. Hollande demande à son cabinet de lui trouver autre chose. Ce sera l'ambassade de France au Luxembourg, après le départ de Jean-François Terral[2]. Pas si mal…

---

1. Entretien avec l'auteur, le 7 mai 2015.
2 Voir le chapitre « Linge sale », p. 27-30.

Philippe Carré a également la chance d'appartenir à la magique promotion Voltaire. Extrêmement brillant, il voit sa carrière démarrer en flèche. Il est envoyé dans les capitales qui comptent – Moscou, Berlin, Bruxelles. En 2003, il devient directeur des affaires stratégiques, un poste crucial. Il est colérique mais tellement efficace qu'il y reste cinq ans. Il espère être nommé à l'OTAN, mais ce sera Vienne. Il est très déçu. Son caractère se dégrade, ses collaborateurs se plaignent. Il revient à Paris où on le met à l'écart, en lui confiant une vague mission auprès du directeur de l'Union européenne.

« On évitait de le croiser dans l'ascenseur[1] », raconte l'un de ses anciens collaborateurs. Comme Yelda, il est sauvé par l'élection de François Hollande. Et quel sauvetage ! Le 9 janvier 2014, le président le bombarde conseiller d'État en service extraordinaire, une fonction prestigieuse rémunérée environ 9 500 euros par mois. Sa préretraite et sa retraite sont assurées. Même traitement de faveur un an et demi plus tard pour Philippe Thiébaud, lui aussi copain de promotion du chef de l'État. En août 2014, ses fonctions d'ambassadeur au Pakistan s'arrêtent. Laurent Fabius ne lui propose pas d'autre poste. À cinquante-neuf ans, le diplomate ronge son frein. Puis, en mai 2015, il est nommé au conseil d'État, par le fait du prince.

---

1. Entretien avec l'auteur, le 9 octobre 2015.

Ambassadeurs « fanto-thématiques »

Les seniors moins chanceux peuvent espérer être recasés comme ambassadeur « thématique », chargé d'un dossier transversal, à l'utilité plus ou moins discutable. Depuis quelques années, c'est l'inflation. On a nommé des ambassadeurs pour tout et n'importe quoi.

Dans son dernier roman[1], paru à l'été 2015, l'ancien directeur de France Culture, Olivier Poivre d'Arvor, lui-même diplomate, s'en amuse : « Les postes de "vrais" ambassadeurs, même pour un ministre plénipotentiaire, étaient très comptés, fait-il dire à son narrateur. Pour satisfaire les hauts fonctionnaires de la maison, chatouilleux sur le prestige du titre et la qualité des affectations, on avait fini par inventer des ambassades virtuelles, dites de mission, des fonctions non localisées, liées à des thématiques parfois prestigieuses et durables, mais souvent complètement insignifiantes et purement circonstancielles : ambassadeur chargé de la lutte contre le réchauffement climatique ou de la prévention du terrorisme, c'était bien d'actualité, du moins sur la carte de visite et ça permet de voyager, d'être connu du ministre, parfois du chef de l'État. Mais ambassadeur chargé de la coordination des grandes manifestations culturelles française dans le monde, de la réduction de la pêche au thon rouge ou de l'identification des personnalités d'avenir, c'était déjà moins bien, de nature à vous faire faire douter de l'intérêt

---

1. *L'Amour à trois*, Grasset.

d'une longue carrière dans l'administration pour finir à soixante ans en charge d'un pareil portefeuille au royaume de l'absurde. »

Ces ambassadeurs « fanto-thématiques », selon la jolie formule d'Olivier Poivre d'Arvor, sont installés dans deux « couloirs de la mort », comme on dit au Quai d'Orsay : l'un est situé au premier étage d'une vieille annexe du ministère, boulevard des Invalides ; l'autre au rez-de-chaussée de l'ancienne Imprimerie nationale, rue de la Convention. C'est dans ce dernier que niche le héros d'OPDA. « Un couloir entier dans les bâtiments de la rue de la Convention distribuait les bureaux – trois ambassadeurs par bureau, une secrétaire pour trois bureaux – où les titulaires de ces postes fantômes passaient parfois ramasser un courrier ou la copie d'une note de service, partager leur amère mélancolie entre deux missions et des séjours prolongés de télétravail à domicile. Les réprouvés de l'avancement, un mélange d'ambassadeurs difficiles à caractériser, composé de mauvais, d'impertinents, de convalescents, de mal portants ou de politiquement incorrects finissaient parfois leur vie professionnelle dans ce couloir de la mort à petit feu, surnommé par l'un d'entre eux "l'allée des cyprès". »

Ironie de l'histoire, Olivier Poivre d'Arvor publie ce roman le 19 août 2015, soit un mois après avoir été congédié de France Culture et deux semaines avant d'être, lui-même, promu par Laurent Fabius… comme ambassadeur chargé de « l'attractivité culturelle de la France ». Un portefeuille créé sur mesure – on lui attribue même un chargé de mission ! – afin de remercier ce diplomate médiatique d'avoir appelé à voter François Hollande en 2012[1].

Le statut d'ambassadeur « thématique », qui sert aujourd'hui très souvent de dépotoir, a été inventé par Jacques Chirac. Le projet était ambitieux. Il s'agissait d'aider la diplomatie française à intégrer les enjeux de la globalisation. « L'objectif du chef de l'État était de conférer au négociateur français à la conférence du Millénaire en 2000, un titre ronflant, donc un poids supplémentaire dans les échanges, écrit, en novembre 2012, le sénateur PS Richard Yung chargé d'un rapport sur le sujet. Bonne idée, qui existe ailleurs dans d'autres pays, mais vite dévoyée[2]. »

Nicolas Sarkozy utilise ce nouveau statut pour recaser des diplomates encalminés mais aussi d'anciens ministres ou parlementaires, voire des amis journalistes. Si bien qu'à la fin de son mandat on en compte vingt-huit, « à commencer par Michel Rocard, recasé par Sarkozy chez les pingouins et les manchots comme ambassadeur des pôles », écrit *Le Canard enchaîné* le 14 novembre 2012.

« Les autres intitulés sont aussi gratinés, poursuit l'hebdomadaire satirique. Un ambassadeur est chargé de "la bioéthique et de la responsabilité sociale des entreprises". Un autre a l'impérieuse charge des "relations

---

[1]. Moins « fantomatique » que d'autres, OPDA organise pour le Quai un Grand Tour de France culturel, en une quarantaine d'étapes, de mars à juillet 2016.

[2]. Rapport du 13 novembre 2013 intitulé « Contrôle budgétaire des ambassadeurs thématiques » en annexe de la présentation de l'amendement 46 au projet de loi de finances sur l'action extérieure de l'État.

avec la société civile". Un troisième est ambassadeur à la "préfiguration de l'Office méditerranéen de la jeunesse". Un quatrième – on se pince – est "chargé de la mobilité externe des cadres des affaires étrangères". » Quant à l'ancien ministre UMP Gilles de Robien, il est ambassadeur chargé de la « cohésion sociale ». L'ex-sénateur UMP Louis de Broissia est « ambassadeur à l'audiovisuel extérieur », alors que, rappelle *Le Canard*, il existe « une présidente de l'audiovisuel extérieur ! »

Enfin, il y a l'ancien journaliste au *Point* Olivier Weber, le seul, avec l'avocat François Zimeray bombardé ambassadeur des droits de l'homme, à être rémunéré – les autres non diplomates n'étant que défrayés. « Dans les petits papiers de Sarkozy, s'amuse *Le Canard*, ce journaliste s'est retrouvé propulsé, en 2008, "ambassadeur chargé de la lutte contre la criminalité organisée". Avec 145 507 euros de coût salarial par an et 15 582 euros de frais de mission, voilà un traitement qui n'est pas trop criminel... »

Mission impossible

Une telle situation fait hurler de rire le député François Loncle. Dans une question écrite au nouveau gouvernement socialiste, le 13 novembre 2012, il s'en donne à cœur joie : « Dans la mesure où l'inventivité sémantique des bureaucrates paraît illimitée, écrit-il, on peut très bien imaginer un ambassadeur itinérant des vignobles étrangers, un autre chargé d'observer la fonte des glaces, un qui pousserait la chanson française dans le monde, un qui comparerait les hôtels de luxe, un qui ferait le tour des plages tropicales. » Plus sérieusement, il se demande s'il ne faut pas supprimer ces postes à l'utilité douteuse ou au moins les faire occuper par des fonctionnaires du Quai d'Orsay, « dont l'encadrement supérieur rencontre des difficultés croissantes de débouchés ». Enfin, vachard, il demande à Laurent Fabius s'il envisage de « désigner un ambassadeur chargé de se pencher sur cette question... »

Le ministre répond en détail, le 22 janvier 2013. Il annonce qu'il a mis fin à la mission si bien rémunérée d'Olivier Weber. Il assure que, dans l'ensemble, les ambassadeurs thématiques – dont « la majorité est composée de fonctionnaires du ministère » – sont utiles : sans eux, dit-il le plus sérieusement du monde, le ministre ne serait pas représenté dans un grand nombre de réunions internationales. « Il n'en demeure pas moins, ajoute-t-il, que la pertinence de ces fonctions fait l'objet d'un examen précis. » Et il prend un engagement : « Il a été décidé de supprimer six ambassadeurs thématiques à courte échéance. » Comme à cette date, il y en a vingt-sept, il n'en restera donc bientôt que vingt et un. Mission impossible ?

Officiellement le pari est tenu. Le 1er avril 2014, le chef de la diplomatie répond à une nouvelle question du sénateur Richard Yung sur le sujet. Fièrement, il assure que « le ministère compte actuellement vingt et un ambassadeurs thématiques, en diminution de 22 % depuis mai 2012 ». Il assure que « leur nomination répond à la nécessité de coordination et d'analyse sur des sujets prioritaires pour notre action diplomatique et notre rayonnement ». Il affirme que seize de ces ambassadeurs sont des diplomates et que leurs salaires ne représentent que 0,2 % de la masse salariale totale du ministère, les cinq autres n'étant pas rémunérés par le Quai. Et promet que « le ministère poursui[vra] la rationalisation du dispositif des ambassadeurs thématiques ».

Recaser les copains

Mais il n'en est rien. Loin d'être rationalisé, le dispositif est étendu, au-delà du raisonnable. Ces postes « fanto-thématiques » sont tellement pratiques. Pour recaser les copains d'abord. Maire PS de Charleville-Mézières depuis 2001, Claudine Ledoux en a assez de son hôtel de ville. Elle voit plus grand. Paris, rien que ça. Mais elle perd les législatives de juin 2012. Par chance, elle est fabiusienne. Alors ce sera l'étranger. Son mentor la nomme ambassadrice « déléguée à la coopération régionale dans l'océan Indien ». Certes, cela fait un peu loin des Ardennes, mais qu'importe ! Elle voyage.

À quoi cela sert-il exactement ? Dans son rapport annuel, le ministre de l'Outre-mer peine à trouver des réponses. Il souligne le rôle de cette ambassadrice « dans les négociations conduites avec l'union des Comores en vue de la visite du président des Comores à Paris et de la signature d'une déclaration sur l'amitié et la coopération ». C'est bien peu. Surtout qu'il y a un ambassadeur de France aux Comores, bien mieux placé pour mener ces discussions avec les autorités du pays. D'ailleurs, Claudine Ledoux ne restera que deux ans en charge du vaste océan. En juin 2015, son protecteur la nomme ambassadrice au Laos, au grand désespoir de tous les diplomates de carrière sans poste qui ruminent chez eux.

Tout aussi saugrenue – et mal acceptée – est la nomination, en septembre 2015, d'une ambassadrice déléguée « à la coopération régionale dans la zone Antilles-Guyane ». Un professeur de droit de trente-sept ans qui était membre du cabinet de la ministre de l'Outre-mer depuis un an seulement. Comme elle est la fille d'un homme politique important – et socialiste, évidemment – dans les îles, on lui a cherché un point de chute à la va-vite. Va pour les Antilles, même si l'intéressée est native... de La Réunion. Et voilà un salaire de plus à payer pour un Quai d'Orsay exsangue. Et encore un titre d'ambassadeur qui passe sous le nez de nos vieux diplomates.

Un nouveau concept fumeux

Heureusement pour eux, Laurent Fabius a inventé un nouveau concept fumeux : ambassadeurs pour les régions. À ce jour, ils sont six. Pourquoi pas treize, un par région ? Mystère. Le Quai conserve peut-être quelques postes vacants au cas où la justice le condamne à trouver un poste à de futurs plaignants, sous peine d'astreinte. Les six veinards sont tous installés dans le couloir de la mort de la rue de la Convention. Leur mission : « Valoriser [à l'étranger] les pépites des territoires. » Un job harassant, on s'en doute. Dans son minuscule bureau en face des toilettes, l'un d'entre eux, qui préfère rester anonyme pour éviter de perdre cette sinécure, explique : « Je fais un voyage par mois et passe quelques coups de fil, pour ne pas perdre la main. C'est tout. Le reste du temps, je m'occupe de mes fleurs chez moi[1]. »

Ces « régionaux » – des hommes de plus de soixante ans – ont tous été de « vrais » ambassadeurs au Tadjikistan, au Bénin ou au Nicaragua. Plusieurs sont spécialistes du swahili, ce qui ne se révèle pas forcément utile pour parler à un patron de PME de Champagne. Parmi eux, on retrouve l'ancien ambassadeur en Tunisie rappelé juste après la chute de Ben Ali, Pierre Ménat, qui a servi de bouc émissaire à l'aveuglement de Nicolas Sarkozy et de sa ministre des Affaires étrangères, Michèle Alliot-Marie[2]. Aujourd'hui, cet ancien conseiller de Jacques Chirac s'occupe – mollement – de la région Poitou-Charentes-Limousin. En attendant la retraite.

Ces six « régionaux » n'apparaissent pas dans la liste des ambassadeurs « thématiques », qui sont aujourd'hui officiellement vingt-deux, soit un de plus que le plafond fixé par Laurent Fabius ; n'y figure pas non plus Olivier Poivre d'Arvor. Le service de presse du Quai explique péniblement que cette absence est normale puisque OPDA est chargé d'une « mission temporaire ». De quelle durée ? « Ce n'est pas défini » ; n'y apparaît pas non plus Philippe Ardanaz, ambassadeur chargé des « questions économiques » auprès de la direction des Amériques. Pourquoi ? Là encore, mystère. On n'ose

---

1. Entretien avec l'auteur, le 19 février 2015.
2. Voir le chapitre « Les Mickey d'Orsay », p. 52-56.

imaginer que le ministre taise l'existence de huit ambassadeurs « fanto-thématiques » supplémentaires, afin de ne pas avouer à la représentation nationale que leur nombre total réel, trente, a non seulement augmenté mais qu'il est aujourd'hui supérieur à ce qu'il était sous Nicolas Sarkozy !... et que fort probablement il va continuer de croître.

16

La secte

Ils sont tous là. Ce 27 août 2015, la « secte » dîne à l'Auberge bressane, près des Invalides, à Paris. Cela fait plusieurs années que cette poignée de diplomates – que leurs adversaires qualifient de « néoconservateurs » – se retrouve régulièrement et discrètement dans ce restaurant de spécialités françaises, à quelques encablures du Quai d'Orsay.

Ces énarques d'apparence plutôt austère adorent y déguster des poêlées d'escargots ou des cuisses de grenouille. Et parler de leur obsession favorite : le programme nucléaire iranien.

C'est l'actuel conseiller diplomatique de François Hollande, Jacques Audibert, qui, en 2008, a, le premier, qualifié de « secte » cette bande de copains qui ont tant œuvré, en coulisses, pour que la République islamique ne se dote pas de l'arme atomique. Dans sa bouche, ce n'était pas forcément péjoratif. Une secte n'est-elle pas, d'après *Le Petit Robert*, « un ensemble de personnes qui professent une même doctrine » ? D'ailleurs, même s'il les juge parfois trop rigides, Jacques Audibert dit partager « beaucoup de leurs visions[1] ». Il a même assisté à deux de leurs agapes à la brasserie bressane. A-t-il, ces soirs-là, trinqué à la santé du guide suprême iranien, Ali Khamenei, comme le clan le fait parfois par dérision, au moment du pousse-café ? Il ne s'en souvient pas.

Presque tous les membres du groupe adorent s'appeler eux-mêmes « la secte ». Cela leur confère un côté follement mystérieux qui les flatte. Leur leader, Philippe Errera, lui, déteste cette appellation. Fils d'un ancien secrétaire général du Quai, cet énarque de quarante-sept ans est installé depuis longtemps au cœur du l'establishment militaro-diplomatique français : ancien patron du cabinet de Bernard Kouchner, puis ambassadeur à l'Otan, il a été nommé par Jean-Yves Le Drian directeur général des relations internationales du ministère de la Défense. Il « récuse[2] » le vocable de « secte ». Il est convaincu que ce mot sera toujours entendu dans son sens le plus négatif, que cataloguer ses amis et lui de la sorte est contraire à la vérité – « notre groupe n'est pas une société secrète », assure-t-il – et peut nuire à leur image, à leur combat et à leur carrière.

« Néoconservateur » ?

Il le sait, son clan fait fantasmer, inquiète même parfois. Des journalistes et des diplomates lui prêtent

---
1. Entretien avec l'auteur, le 21 juillet 2015.
2. Entretien avec l'auteur, le 5 juin 2015.

des pouvoirs considérables. À les entendre, la secte aurait comploté, avec succès, en vue d'infléchir l'action extérieure de la France dans un sens « néoconservateur », si ce n'est « bushien ». Elle serait à l'origine d'une nouvelle politique étrangère de notre pays, celle de Nicolas Sarkozy et de François Hollande, jugée exagérément atlantiste, pro-israélienne et anti-iranienne. Une politique contraire, selon eux, à l'héritage « gaullo-mitterrandien », pour reprendre l'expression de leur plus féroce contempteur, l'ancien ministre des Affaires étrangères Hubert Védrine.

Même les services français de contre-espionnage se seraient intéressés à leur cas. Selon un membre de la secte, la DCRI aurait, en 2009, rédigé une note blanche après un de leurs dîners à l'Auberge bressanne. « C'était la fois où nous avons invité des diplomates israéliens à se joindre à nous, explique-t-il. Cela les intriguait[1]. » Mais, selon toute vraisemblance, l'affaire n'est pas allée plus loin.

Cette focalisation sur ces quelques personnes exaspère l'homme qui connaît le mieux le Quai d'Orsay : Pierre Sellal, secrétaire général du ministère de 2009 à 2014 et directeur du cabinet d'Hubert Védrine de 1997 à 2002. Selon lui, la secte ne mérite pas tant d'attention. « Il s'agit simplement d'un groupe d'agents qui ont travaillé, souvent ensemble, aux États-Unis sur les affaires stratégiques et qui ont une forte communauté d'analyses, explique-t-il. Cependant il n'a jamais été aussi puissant qu'on le dit[2]. » Qui a raison ?

---

1. Entretien avec l'auteur, le 7 septembre 2015.
2. Entretien avec l'auteur, le 1er décembre 2015.

« Très secret Rubis »

Ce 27 août, ils sont dix, attablés dans la grande salle de l'Auberge bressane. Ils n'ont pas le même âge, puisqu'il y a là deux trentenaires, cinq quadras et trois quinquas. C'est autre chose qui les réunit. Tous ces énarques sont – ou ont été – habilités « très secret Rubis », le niveau de classification réservé au nucléaire militaire. Tous ont, c'est vrai, effectué une partie de leur carrière outre-Atlantique et la plupart considèrent, comme Nicolas Sarkozy, que la France fait partie de la « famille occidentale ». Et tous ont cette même façon d'appréhender le monde sous l'angle exclusif des rapports de force militaires et idéologiques entre les États.

L'organisateur du dîner s'appelle Bruno Tertrais. Maître de recherche à la Fondation pour la recherche stratégique (FRS), il est le seul à n'avoir jamais travaillé au Quai d'Orsay. Membre des commissions du « Livre blanc sur la défense » sous Sarkozy comme sous Hollande, cet expert de l'arme atomique de cinquante-trois ans est le rocker de la bande. En novembre 2014, la secte au grand complet a assisté au concert qu'il a donné avec son orchestre au New Morning, un club de jazz parisien. L'année précédente, elle s'était retrouvée à une autre fête, à Bruxelles, dans les jardins de la résidence du représentant de la France à l'Otan, Philippe Errera. Le mâle alpha de la bande y célébrait ses noces avec une ancienne du cabinet Kouchner – le témoin du marié n'était autre que l'auteur de la BD *Quai d'Orsay*[1], Antonin Baudry, alias Abel Lanzac[2].

Autour de la table de l'Auberge bressane, se trouve également l'aîné de la secte, un fort en gueule au visage poupin malgré ses cinquante-cinq ans, grand amateur de whisky japonais : Michel Miraillet, ambassadeur à Abu Dhabi, camarade de promo à l'ENA de Jacques Audibert et prédécesseur de Philippe Errera à la Défense. Et aussi l'homme fort du moment, le directeur adjoint du cabinet de Laurent Fabius : Martin Briens, quarante-quatre ans, ancien représentant adjoint à l'ONU et copain de promo de l'inévitable Errera ; sont également présents d'autres hommes puissants comme le conseiller diplomatique du ministre de la Défense, Jean-Yves Le Drian : Luis Vassy, trente-quatre ans, énarque et normalien ; le directeur de la stratégie de la firme d'armement Thales, Alexis Morel, trente-six ans, fils d'un conseiller diplomatique de François Mitterrand et lui-même un ancien de la cellule diplomatique de Nicolas Sarkozy ; l'ambassadeur en Inde, François Richier, cinquante-deux ans, grand manitou des affaires stratégiques à l'Élysée sous Nicolas Sarkozy ; les diplomates du Commissariat à l'énergie atomique (CEA), Frédéric Journès, quarante-sept ans, et Nicolas Roche, quarante-deux ans ; sans oublier le directeur de la FRS, le médiatique Camille Grand, « compagnon de route » de la secte, comme le surnomme Bruno Tertrais.

---

1. *Op. cit.*
2. Voir le chapitre « À vendre, bijoux de famille », p. 143-148.

« Une famille, un clan, une église »

Presque tous ces hauts cadres de l'appareil militaro-diplomatique français ont un autre trait en commun : ils ont commencé leur carrière au sein de la prestigieuse direction « ASD » – des affaires stratégiques et du désarmement – du Quai, et plus précisément au niveau de la sous-direction du désarmement et de la non-prolifération nucléaires. « Ce petit service est une famille, un clan, une église[1] », aime à répéter Bruno Le Maire qui, avant de se lancer dans la politique, a commencé une carrière diplomatique à « ASD ».

« Pour en être, il faut aller quatre fois par an en pèlerinage à l'île Longue [la base des sous-marins nucléaires dans le Finistère] et se prosterner devant un missile intercontinental[2] », plaisante Jacques Audibert. Il ne croit pas si bien dire. Dans son bureau à Abu Dhabi, l'ambassadeur Michel Miraillet expose, en bonne place, la maquette d'un sous-marin de dernière génération, *Le Triomphant*, et la photo d'un essai nucléaire français, avec son champignon atomique.

Car les membres de la secte se considèrent d'abord comme les champions de la bombe « bleu-blanc-rouge ». Quitte à s'opposer, si nécessaire, au grand frère américain. Ce fut le cas contre l'administration Obama. Tout commence par un grand discours à Prague, en avril 2009, dans lequel le nouveau président des États-Unis

---
1. Entretien avec l'auteur, le 20 février 2013.
2. Entretien avec l'auteur, le 21 juillet 2015.

appelle de ses vœux l'avènement d'un monde sans arme nucléaire. Au même moment, un puissant lobby, Global Zero, lance une campagne internationale pour la disparition progressive de cette arme d'ici 2030. Et cible la France comme terre de croisade numéro un puisque le groupe de pression organise sa première réunion à Paris. Les autorités françaises se crispent. La secte organise la résistance. « Pour la France, la bombe est un instrument de prestige international, gronde l'un d'eux à l'époque. Il n'est pas question de céder à la pression[1]. »

Pendant deux ans, en 2009 et 2010, le clan bataille ferme contre ces maudits « désarmeurs » américains. Dans toutes les enceintes internationales, la secte pinaille sur chaque virgule. Au Quai, ses conceptions doctrinaires exaspèrent. « Je trouvais grotesque que la France refuse aussi ouvertement le désarmement nucléaire, raconte Gérard Araud, à l'époque directeur politique puis représentant à l'ONU, qui a, lui aussi, participé à quelques dîners à l'Auberge bressane. Mais "la secte" m'a paralysé. Elle avait réussi à faire avaliser ses positions par l'Élysée[2]. » Et cela grâce à la présence de François Richier, l'un des convives à l'Auberge bressane, à la cellule diplomatique de Nicolas Sarkozy.

Les positions défendues sont si radicales que le clan essuie plusieurs défaites, notamment lors de la révision du traité sur la non-prolifération des armes nucléaires (TNP), à New York. Mais, à l'Otan, il sauve l'essentiel à ses yeux : en novembre 2010, l'organisation occidentale renonce à faire du bouclier antimissile l'alpha

---

1. Entretien avec l'auteur, le 3 mars 2010.
2. Entretien avec l'auteur, le 30 juillet 2015.

et l'oméga de sa défense et se définit officiellement comme une « alliance nucléaire ». La secte réalise un autre exploit, selon elle : redonner le goût du nucléaire au grand frère américain. « Nous avons convaincu Washington de ne pas réduire l'arsenal atomique des États-Unis aussi drastiquement qu'elle l'envisageait[1] », fanfaronne l'un d'eux.

Thérèse, la pasionaria

Mais leur grande affaire, c'est donc le combat contre le programme atomique iranien – dossier dans lequel la secte va jouer, pendant dix ans, un rôle majeur. Elle écoute avec dévotion une pasionaria – son gourou en jupe, diraient certains –, un peu plus âgée qu'eux · Thérèse Delpech, directrice des affaires stratégiques au CEA et ancienne conseillère d'Alain Juppé à Matignon. Fille de diplomate, cette intellectuelle[2], longtemps compagne de l'historien critique du communisme François Furet, est agrégée de philosophie.

Jusqu'à sa mort en 2012, cette grande lectrice de Leo Strauss et de Sigmund Freud, tour à tour attachante et exaspérante, restera le point de repère du clan chez qui beaucoup se retrouvent régulièrement le dimanche dans son appartement du Marais – pour parler littérature russe, psychanalyse et Iran.

---

1. Entretien avec l'auteur, le 5 mars 2015.
2. Elle a écrit, entre autres, *L'Ensauvagement*, Grasset, 2005, prix Femina essai, et *L'Homme sans passé : Freud et la tragédie historique*, Grasset, 2012.

« Thérèse était hantée par la question du Mal, témoigne Camille Grand, l'un de ses intimes. Et, contre ce Mal, elle pensait que le combat passait nécessairement par la défense de l'ordre démocratique et libéral. Cela se retrouvait dans sa lutte contre la prolifération nucléaire. Elle disait : on ne peut pas laisser la bombe dans les mains d'un dictateur. Et elle redoutait sans cesse une démission des nations occidentales à ce sujet[1]. » Son obsession, son angoisse l'aveuglent : en 2003, alors qu'elle représente la France à la commission de l'ONU chargée du désarmement de l'Irak, elle assure, à tort, que Bagdad cache encore des armes de destruction massive ; et elle se rapproche des néoconservateurs américains jusqu'à soutenir l'intervention contre Saddam Hussein et, même, militer pour que la France y participe. « Elle pensait qu'il ne fallait pas rompre avec l'Amérique », éclaire Camille Grand.

La plupart des membres de la secte partageaient ce point de vue avec leur chère Thérèse – ne pas rompre avec l'Amérique. Ils étaient hostiles à la campagne active menée par Dominique de Villepin contre la Maison-Blanche et sa résolution au Conseil de sécurité qui aurait « légitimé » par avance la guerre. Autrement dit, ils trouvaient que Jacques Chirac et son chef de la diplomatie allaient trop loin quand ils menaçaient d'opposer le veto de la France contre l'allié américain. Ils préféraient l'abstention. Mais, contrairement à ce que leurs opposants croient, ils n'étaient pas favorables à l'invasion de l'Irak.

---

1. Entretien avec l'auteur, le 24 novembre 2015.

À commencer par le leader du clan, Philippe Errera. Dans les archives de l'Élysée, le journaliste Vincent Nouzille[1] a déniché un télégramme rédigé par lui, en septembre 2002, alors qu'il travaillait à l'ambassade de France à Washington. Sa note décrypte longuement un discours de Bush à West Point en juin 2002 dans lequel le président américain justifie par avance son agression contre l'Irak en déclarant : « Il faut affronter les menaces avant qu'elles n'émergent. »

Dans ce télégramme, envoyé au Quai et à l'Élysée, Philippe Errera se montre clairement hostile à la vision néoconservatrice de Bush. Selon lui, une guerre préventive contre l'Irak minerait « l'autorité morale » des États-Unis dans le monde. Elle serait « incompatible avec le droit constitutionnel américain et le droit international ». Il insiste : « Si l'État agresseur est à la fois seul juge et partie de la légitimité de son action, il n'y a plus de limite a priori à la contagion de la violence. » Sa conclusion, six mois avant même le début du conflit, est prophétique : « Nous assistons bien aux prémices d'une rupture stratégique fondamentale, dont les effets se feront sentir après l'installation d'un nouveau régime à Bagdad[2]. » Bien vu.

Bombarder l'Iran

Mais, pour lui, ce raisonnement limpide ne vaut pas pour l'Iran. Trois ans à peine après cette note, Errera

---

1. *Dans le secret des présidents*, Fayard, 2010.
2. *Ibid.*

s'engage dans le combat pour empêcher Téhéran de se doter de l'arme atomique – et défend le principe d'une guerre préventive contre la République islamique comme ultime recours. En 2005, alors qu'il est directeur adjoint du Centre d'analyse, de prévision et de stratégie (CAPS), le cercle de réflexion du Quai, et qu'il s'inquiète lui aussi d'une démission de l'Occident face au danger atomique iranien, il écrit : « Le jour pourrait venir où nous ne pourrions plus avoir à choisir qu'entre de très mauvaises solutions, la moins mauvaise d'entre elles étant l'option militaire, préférable malgré tout à l'accession au rang de puissance nucléaire de facto d'un Iran constituant une menace pour ses voisins et pour nous-mêmes[1]. »

Du coup, lorsque Tel-Aviv jugera qu'un tel jour est venu, Philippe Errera et ses amis ne verront pas d'un mauvais œil la perspective de frappes israéliennes contre les sites nucléaires iraniens. C'est ce qu'affirme un ancien haut responsable du Quai, très au fait de l'affaire. « Mi-2008, dévoile-t-il, l'ambassadeur de France à Tel-Aviv, Jean-Michel Casa, a envoyé un télégramme assurant que le gouvernement Netanyahou s'apprêtait à bombarder l'Iran juste avant l'investiture du nouveau président américain. À l'époque, la secte était plutôt favorable à cette action militaire, alors que le reste du ministère était vent debout contre[2]. » Le sujet divisera même la famille Errera puisque le propre père de Philippe, Gérard, alors secrétaire général du Quai, était, lui, hostile à une telle « aventure » israélienne.

---

1. *Annuaire français des relations internationales*, 2005.
2. Entretien avec l'auteur, le 3 juillet 2015.

Cela dit, la secte ne milite pas pour une intervention militaire – et encore moins pour une opération française –, mais pour l'adoption de sanctions très dures par l'Union européenne et plus largement les Nations unies, seule façon justement, selon elle, d'éviter des frappes préventives. Pendant plusieurs années, elle prêche dans le désert. Personne ne veut en entendre parler. Ni à l'Élysée, dirigé alors par Jacques Chirac, ni au ministère des Affaires étrangères. Au Quai, la perspective d'un Iran doté de l'arme nucléaire n'effraie pas forcément les barons de la direction Afrique du Nord et Moyen-Orient, certains jugeant même souhaitable une bombe perse afin, disent-ils, de stabiliser la région et de faire contrepoids à Tel-Aviv. Bref, sous Chirac, « les sanctions étaient taboues [1] », résume aujourd'hui Philippe Errera, qui, à l'époque, en établit tout de même une première liste, en douce, à soumettre au prochain chef de l'État.

La secte mise tout sur l'élection présidentielle de 2007. Elle est présente dans les deux camps. Martin Briens fait partie de l'équipe de la candidate Ségolène Royal. François Richier conseille, lui, Nicolas Sarkozy. C'est le moment où le groupe commence à déjeuner et dîner régulièrement à l'Auberge bressane, « le restaurant favori de Thérèse [Delpech] », selon Bruno Tertrais. Michel Miraillet qui travaille à cette époque en face, au secrétariat général de la Défense nationale, paye souvent la douloureuse. Parfois, il invite un copain qu'il a connu quand il était en poste à Tel-Aviv, Ariel

---

1. Entretien avec l'auteur, le 5 juin 2015.

« Eli » Levite, alors directeur adjoint à la commission israélienne à l'énergie atomique.

Après l'élection de Nicolas Sarkozy, la donne française sur l'Iran change radicalement. La secte se voit confier des postes clefs. Son influence devient prépondérante. « Tout le monde grimpe : Errera entre au cabinet de Kouchner, Richier à l'Élysée, Roche va à l'ambassade de France à Washington, Briens à la mission à l'ONU, Vassy devient "Monsieur Atome" au Quai et Miraillet prend la direction des Affaires stratégiques au ministère de la Défense. Nous représentions alors une vraie force de frappe[1] », se souvient l'un d'entre eux, le vague à l'âme. La vision de la secte l'emporte. Si bien que, grâce à elle – ou à cause d'elle –, la France prend la tête du combat diplomatique contre le programme nucléaire iranien, en vue d'imposer des sanctions accrues.

Cette décision est prise moins de deux mois après l'élection de Nicolas Sarkozy lors d'un conseil restreint, le 6 juillet 2007. Et le 27 août suivant, lors de la conférence des ambassadeurs, le nouveau président de la République fait sien le dilemme évoqué par Philippe Errera dans son article de 2005 : notre « démarche est la seule qui puisse nous permettre d'échapper à une alternative catastrophique : la bombe iranienne ou le bombardement de l'Iran », plastronne le chef de l'État. La déclaration fait scandale. Certains accusent la France d'être trop radicale, d'être devenue néoconservatrice. Pourtant, à la suite des blocages successifs des Iraniens, c'est bien sa stratégie qui finalement l'emporte. Paris

---
1. Entretien avec l'auteur, le 26 avril 2015.

parvient à faire voter des sanctions de plus en plus dures contre l'Iran à l'ONU comme à Bruxelles, jusqu'à l'adoption en janvier 2012 d'un embargo européen sur ses ventes de pétrole. Le triomphe de la secte.

Hollande, Fabius et la secte

Après l'arrivée de François Hollande, la secte perd de son influence bureaucratique. Miraillet est envoyé à Abu Dhabi, Richier en Inde. Et Thérèse Delpech disparaît en janvier 2012. Mais le clan conserve son aura intellectuelle et plusieurs places fortes à la Défense et au Quai. Pas à l'Élysée. « Ce groupe est composé de gens talentueux qui avaient l'aval des autorités sous Sarkozy. Aujourd'hui ce n'est plus le cas[1] », assure Paul Jean-Ortiz, le conseiller du nouveau président.

Ses idées, cependant, ne sont pas balayées, tant s'en faut. Même la réintégration de la France dans le commandement de l'Otan, mise en musique par François Richier sous Nicolas Sarkozy, est avalisée. D'ailleurs, supplice suprême, c'est au porte-parole des « gaullo-mitterrandiens », Hubert Védrine[2], censé être parmi les plus opposés à ce retour, que François Hollande demande de rédiger le rapport justifiant le maintien de la France au cœur militaire de l'Alliance atlantique – ce

---
1. Entretien avec l'auteur, le 14 avril 2014.
2. Hubert Védrine, « Rapport pour le président de la République française sur les conséquences du retour de la France dans le commandement intégré de l'Otan, sur l'avenir de la relation transatlantique et les perspectives de l'Europe de la défense », 14 novembre 2012.

que l'ancien ministre des Affaires étrangères fera à contrecœur.

Sur l'Iran, Laurent Fabius aimerait bien, à l'évidence, défendre toutes les positions radicales de la secte et notamment interdire à l'Iran de posséder une capacité significative d'enrichissement de l'uranium. Mais, étant donné les orientations beaucoup plus accommodantes – plus réalistes, diraient certains – de l'administration Obama, cette ligne est tactiquement intenable.

En novembre 2013, le chef de la diplomatie française se rend à Vienne pour participer au dernier round des discussions entre les six grandes puissances et Téhéran en vue d'un accord intermédiaire. Outre le négociateur attitré du Quai, Nicolas de Rivière, le ministre emmène avec lui le directeur adjoint de son cabinet Martin Briens[1], un convive de l'Auberge bressanne qui suit le dossier Iran depuis dix ans.

Le secrétaire d'État John Kerry présente à Laurent Fabius un projet d'accord ficelé entre Américains et Iraniens. L'équipe française y découvre d'importantes faiblesses : des dispositions qui, selon elle, permettraient à Téhéran de continuer à travailler en catimini sur la matière fissile. Isolé, Laurent Fabius décide d'en appeler à l'opinion internationale. Il dénonce publiquement ce texte pour ces insuffisances et menace de ne pas le signer s'il n'est pas amendé.

---

[1]. Après le départ de Laurent Fabius du Quai, il est nommé en février 2016 directeur de la stratégie de la DGSE.

Le coup de gueule de Fabius

L'ultimatum connaît un grand retentissement. C'est un succès médiatique indéniable. Du jour au lendemain, Laurent Fabius apparaît comme le champion des sunnites et des Israéliens, qui jugent John Kerry trop mou vis-à-vis de son homologue iranien, Javad Zarif. Le ministre français, qui en privé surnomme le secrétaire d'État américain « la belette », obtient quelques changements, notamment sur le réacteur à eau lourde d'Arak, mais le texte final est toujours jugé insuffisant par la secte. Pourtant, réalisme ou faiblesse, François Hollande et Laurent Fabius décident de ne pas opposer le veto de la France. « Si la secte avait été en *full capacity* [pleine capacité], Paris aurait dit non, et il n'y aurait pas eu d'accord intérimaire sur l'Iran à Vienne[1] », affirmera Paul Jean-Ortiz quatre mois avant son décès.

L'accord définitif, signé le 14 juillet 2015 à Vienne, ne plaira pas davantage à l'équipe française. Certes, elle réussit à imposer une clause imaginée par elle, dite de *snapback*, un retour automatique aux sanctions si l'Iran ne respecte pas certains points. Mais, alors que la plupart des chancelleries applaudissent l'ensemble du texte, la diplomatie française est atterrée, la secte en particulier. « Parmi nous, je n'en connais pas un qui trouve ce texte bon[2] », avoue Bruno Tertrais.

---
1. Entretien avec l'auteur, le 14 avril 2014.
2. Entretien avec l'auteur, le 18 décembre 2015.

Lui-même l'a commenté dans la revue britannique *Survival*[1] ; bien qu'il se dise le moins critique de la bande, il s'y montre très déçu. Les négociateurs, écrit-il, « ont oublié quel était leur objectif initial », fixé au début des discussions en 2003, à savoir « que l'Iran abandonne toute capacité de construire rapidement des armes nucléaires ». Or, « vers 2012, sous la pression des États-Unis, les [grandes puissances] ont abandonné » ce but. Elles ont choisi de contenir le programme atomique iranien et plus de le faire reculer. Et, en 2014, elles ont réduit la durée de cet endiguement « d'une génération à dix ans ». Si bien que l'Iran va, « avec notre bénédiction », rester un État au seuil nucléaire qui, « vers 2025-30, sera technologiquement en position de construire une arme atomique en quelques mois », assure Bruno Tertais. Tout ça pour si peu !

Aurait-on pu négocier autrement ? À son avis, oui : « Washington s'est imposé une date limite » pour conclure un accord alors qu'« il aurait sans doute été beaucoup plus sage d'attendre que l'Iran ressente plus encore la pression des sanctions. » Au final, si la secte a réussi à modeler la diplomatie française vis-à-vis de l'Iran, elle a, en grande partie, échoué dans son entreprise de longue haleine – empêcher la République islamique de posséder des capacités nucléaires – et le reconnaît clairement à travers ce texte de Bruno Tertais. D'ailleurs, quand, un mois après l'accord de Vienne, le groupe se retrouve, le 25 août 2015, à

---

1. *Survival*, revue de l'International Institute for Stategic Studies, octobre 2015.

l'Auberge bressane, les dix « conjurés » préfèrent ne pas évoquer le sujet.

Remarquons que le CAPS du Quai partage le point de vue de Bruno Tertrais et ses amis. Dans une note confidentielle du 17 juillet 2015, son directeur, Justin Vaïsse, écrit : « Rien ne dit que l'accord ne déclenchera pas un programme de prolifération chez certains États de la région avec 2028 (2015 plus 13 ans) comme objectif calendaire pour être en mesure de se doter d'une arme nucléaire[1]. » Pas de quoi pavoiser donc.

Si elle n'est plus aussi rayonnante, la secte conserve une forte capacité d'influence. Le 15 novembre 2015, deux jours après le massacre du Bataclan, plusieurs de ses membres sont réunis pour un brunch chez Alexis Morel, le jeune directeur de la stratégie chez Thales. La discussion roule sur la façon dont la France pourrait trouver de l'aide auprès d'autres pays pour répliquer à Daech. L'un d'entre eux propose de faire jouer l'article 5 de l'Otan, qui prévoit que tout pays attaqué soit défendu par ses alliés. Un autre juge politiquement préférable de faire appel à l'Union européenne. En fin de repas, Luis Vassy, le conseiller diplomatique de Jean-Yves Le Drian, fait part de ces propositions au cabinet du ministre de la Défense. Et, dès le lendemain, dans son discours devant le Congrès réuni à Versailles, François Hollande annoncera, à la surprise générale, que la France fera jouer l'article 42-7 du traité sur l'Union européenne.

---

1. Note n° 241 du CAPS en date du 17 juillet 2015 et intitulée « L'accord sur le nucléaire iranien du 14 juillet 2015. Quatre implications stratégiques ».

17

Fausses barbes et grandes oreilles

Il se passe de drôles de choses sur les toits de nos ambassades. Prenez l'enceinte diplomatique française à Oman. À l'entrée, une parabole géante trône sur une construction rectangulaire de type Algeco. À quoi sert cet étrange dispositif ? « Je n'ai pas le droit de le dire[1] », répond l'ambassadeur Roland Dubertrand, embarrassé.

Le diplomate reste muet parce que l'installation n'appartient pas au Quai d'Orsay mais à la DGSE ! Le service secret a négocié son implantation il y a une dizaine d'années. On l'a compris, l'immense antenne et la structure technique aménagée dans l'Algeco ne servent ni à capter des chaînes de télévision ni à communiquer avec Paris, mais à intercepter des communications internationales. Voilà le petit secret de monsieur l'ambassadeur : le toit de son ambassade accueille une base d'écoutes. On comprend mieux son malaise.

La DGSE – également surnommée la Centrale – n'a pas choisi cet emplacement, apparemment saugrenu, au

---

1. Entretien avec l'auteur, le 17 septembre 2015.

hasard. Voisin de l'Arabie saoudite, le sultanat d'Oman est l'endroit idéal pour espionner les téléphones satellitaires les plus utilisés au Moyen-Orient, ceux de la compagnie émiratie Thuraya. En effet, toutes les communications de cet opérateur transitent par un satellite géostationnaire, puis, et c'est là l'important, convergent vers une station terrestre située dans le petit émirat de Chardja.

Ce flux – des millions de SMS, d'e-mails et d'appels – peut alors être intercepté par une parabole spéciale si celle-ci est placée non loin de cette station. Or Chardja est justement tout proche d'Oman. Si bien que, grâce au petit centre d'écoutes dissimulé sur le toit de l'ambassade de M. Dubertrand, la DGSE peut espionner tous les businessmen, hommes politiques ou terroristes de la région qui utilisent des téléphones Thuraya. Pour cela, pas besoin d'une armée de techniciens ou d'interprètes. La base secrète est télécommandée du quartier général de la Centrale à Paris qui reçoit par fibre optique toute la « production », comme on dit dans le jargon, en temps réel. Magie de l'espionnage moderne.

Stations d'écoutes clandestines

Le Quai se garde bien de l'avouer : des stations clandestines de ce genre, la DGSE en a positionné sur le toit de plusieurs ambassades de France. Particulièrement dans les régions où les réseaux mobiles sont rares et où les VIP utilisent les téléphones satellite du type Thuraya, Iridium ou Inmarsat. « Personne aux

Affaires étrangères ne vous le dira, mais il y a des centres d'écoutes dans toutes nos représentations diplomatiques au Sahel et au Maghreb[1] », chuchote un haut responsable. Pourquoi tant de cachotteries ?

Pour deux raisons. « Un gentleman n'ouvre pas le courrier d'autrui », dit le dicton. Un pays déteste avouer qu'il en espionne un autre, surtout si c'est un « ami »... et si c'est de chez lui ! Et puis, installer des « grandes oreilles » dans une enceinte diplomatique est illégal. La convention de Vienne de 1961 stipule noir sur blanc qu'une ambassade ne peut être utilisée dans un but « incompatible[2] » avec sa mission, tels le commerce ou... l'espionnage. Mais, délices des relations internationales, la convention affirme aussi que le territoire de la dite ambassade est « inviolable », ce qui, en pratique, empêche les autorités locales d'y pénétrer pour démanteler les stations en question. D'où, en général, le silence emprunté des deux parties, qui n'ont pas intérêt au scandale.

Un exemple. En décembre 2014, *L'Obs* a révélé qu'une annexe de l'ambassade de Chine en France, située à Chevilly-Larue près de Paris, abritait un centre d'écoutes géré par Pékin. Les Chinois ont démenti. Très gêné aux entournures, le Quai d'Orsay a d'abord nié être au courant, pour finalement concéder qu'il ne commentait jamais les affaires de renseignement. Cette réaction alambiquée s'explique facilement : la DGSE a,

---

1. Entretien avec l'auteur, le 12 mai 2015.
2. Convention de Vienne du 18 avril 1961 sur les relations diplomatiques.

elle-même, discrètement mis en place une station d'interception dans la nouvelle ambassade de France à Pékin, inaugurée en 2011. Les services chinois de contre-espionnage sont évidemment au courant et Paris cherche à éviter qu'en rétorsion à l'article de *L'Obs* ils ne mettent ce dossier sur le tapis.

C'est que la Centrale adore faire joujou sur les toits des représentations françaises. À Djibouti, elle a monté un centre d'interception d'un type très particulier. Cette station espionne les communications sensibles de plusieurs pays africains qui n'utilisent pas ou peu de satellites, seulement des liaisons radio. « Grâce à une antenne HF particulièrement puissante, dite multidirectionnelle, nous pouvons écouter des généraux ou des chefs d'État à travers la moitié du continent », plastronne un homme de l'art, très fier de ce petit bijou. « La base de Djibouti, précise-t-il, n'est pas télécommandée comme les stations satellitaires, nous traitons la "production" sur place[1]. » Autrement dit, la DGSE emploie dans l'ambassade une équipe d'interprètes qui, casque sur la tête, traduisent les communications interceptées, dont seules les plus sensibles sont transmises à Paris.

Des mouchards secrets

Un autre joujou top secret ? « Sur les toits, il nous arrive aussi d'installer, pendant quelques jours, de petites antennes très sophistiquées, dans le cadre d'une

---

1. Entretien avec l'auteur, 15 juin 2015.

campagne de mesures, explique un autre spécialiste. Il s'agit d'identifier les satellites les plus intéressants à espionner, leurs fréquences et leur encodage. Ces données nous permettent de programmer nos grandes oreilles à travers le monde. Quand la campagne est terminée, nous replions nos superantennes et les renvoyons à Paris par la valise diplomatique. » Ni vu ni connu.

Parfois, la DGSE aide les ambassades à découvrir si elles sont elles-mêmes victimes de « grandes oreilles » ennemies. En octobre 2013, *Le Monde* révèle, grâce aux documents du lanceur d'alerte Edward Snowden, que la NSA américaine a réussi à intercepter des documents secrets dans l'ambassade de France à Washington. Comment ? En posant des « implants espions » dans les ordinateurs[1]. « Pour les démanteler, des spécialistes de la DGSE et de l'Agence nationale pour la sécurité des systèmes informatiques (ANSII) sont venus à l'ambassade, ils ont tout débranché et ont beaucoup travaillé, raconte un haut responsable français[2]. Mais ils n'ont rien trouvé. On ne sait toujours pas si – et éventuellement comment – ils ont installé des mouchards. »

Selon le même article, la NSA se serait procuré, via la représentation française à l'ONU, à New York, d'importants documents relatifs à une résolution au Conseil de sécurité sur l'Iran. Cette opération « nous a permis de conserver un train d'avance dans les négociations », aurait même dit l'ambassadrice américaine auprès des

---
1. *Le Monde*, 22 octobre 2013.
2. Entretien avec l'auteur, le 6 juin 2015.

Nations unies, Susan Rice[1]. Là non plus, « nos services n'ont pas trouvé de mouchard dans les ordinateurs, dit un autre officiel français. Mais il semble que l'origine de la fuite soit ailleurs : un jeune diplomate avait la fâcheuse habitude de conserver des documents secrets sur une clef USB... Il a reçu un sacré savon de la part de l'ambassadeur et du chef de poste de la DGSE[2] ».

Le Quai et la DGSE : quel drôle de couple ! Ces deux maisons cousines ne s'aiment guère. Elles sont pourtant condamnées à travailler et vivre sous le même toit. Aujourd'hui plus que jamais. Depuis quelques années, il y a au moins un espion sous couverture diplomatique – les « Messieurs Moustache », comme l'on dit parfois – dans la plupart des ambassades de France. Ils sont, par exemple, quatre à Washington, trois à Johannesburg et à N'Djamena, deux à Riga et à Jérusalem, au consulat général de France, et une – c'est une femme – à Ottawa. En fait, ils n'ont jamais été aussi nombreux dans nos représentations diplomatiques, plusieurs centaines au total. Et, aussi incroyable que cela paraisse, il est facile de les repérer.

Monsieur le deuxième conseiller

Autrefois les « moustaches » étaient presque tous des militaires de carrière. Par commodité, ils se présentaient le plus souvent comme « attachés militaires adjoints ». Aujourd'hui, comme la DGSE recrute essentiellement

---

1. *Le Monde*, 22 octobre 2013.
2. Entretien avec l'auteur, le 3 juillet 2015.

des civils, leur couverture en ambassade est plutôt « conseiller » ou « secrétaire ». Voici comment les identifier : prenez un annuaire diplomatique. Ce gros livre rouge n'est pas un document public mais, comme il est distribué à tous les cadres du ministère, s'en procurer un reste un jeu d'enfant. Ouvrez-le et choisissez une ambassade. Regardez alors la liste des « conseillers » et des « secrétaires » – les deuxièmes et troisièmes surtout, quand ils existent. Intéressez-vous à leur grade qui est inscrit sur la même ligne. Si rien n'est indiqué, autrement dit si une personne n'a pas fait carrière au Quai d'Orsay bien qu'elle soit enregistrée comme diplomate, il y a des chances que vous ayez découvert un homme – ou une femme – de la Centrale. C'est aussi simple que cela.

Cette situation pour le moins aberrante a été, en partie, réglée dans l'édition 2014 de l'annuaire du Quai[1]. Pour des raisons budgétaires, il a été décidé de réduire drastiquement le nombre de pages du Bottin diplomatique. Et, comme les organigrammes complets des chancelleries sont désormais disponibles sur l'intranet du ministère, il a été décidé de ne plus publier que les noms de l'ambassadeur et de son numéro deux. La liste des conseillers et secrétaires a disparu. Seulement voilà : l'annuaire contient toujours une fiche nominative détaillée sur chaque diplomate avec ses études et ses différents postes. Mais les espions sous couverture qui, eux, par définition ne sont pas issus du

---

[1]. Annuaire diplomatique et consulaire de la République française 2014 (imprimerie JOUVE).

Quai n'ont pas de fiche à leur nom. On peut donc toujours en repérer beaucoup.

Les révélations du Bottin diplomatique

Pas d'affolement toutefois. Le Bottin diplomatique n'apprend rien aux contre-espions qu'ils ne savent déjà. Les agents de la DGSE si facilement identifiables ont été déclarés comme tels aux autorités locales. Ce sont les interlocuteurs officiels des autres services secrets. On surnomme leurs chefs les « Totem », nom de code des échanges entre agences de renseignement. Par eux transitent les échanges de renseignements, en particulier sur le terrorisme – d'où l'inflation de leurs effectifs depuis le 11-Septembre. Parfois, ils effectuent aussi un vrai travail d'espion et manipulent des sources. Mais, en théorie, ils n'ont pas le droit de chercher à en recruter parmi les citoyens du pays hôte.

« Dans la représentation française à l'ONU à New York, il y a trois officiers de la DGSE, explique un haut responsable. Une de leurs missions est d'approcher des délégués étrangers, notamment africains. Mais la Centrale a passé un accord avec le FBI : ces trois agents-là n'ont pas le droit d'adresser la parole à un Américain ! Et, croyez-moi, les fédéraux, qui ne les lâchent pas d'un pouce, y veillent[1]. »

Les « vrais » espions, ceux dont personne ne connaît le véritable métier, travaillent surtout, sans immunité

---
1. Entretien avec l'auteur, le 18 juin 2015.

diplomatique, dans des entreprises françaises, réelles ou fictives, privées ou publiques. Certains sont contractuels chez l'opérateur public d'aide à l'exportation UBI France, devenu Business France, en janvier 2015 ; d'autres dans le réseau culturel du Quai.

« Un jour, je convoque le directeur adjoint d'un institut culturel français pour faire le point sur son travail, raconte un cadre du ministère. Au fur et à mesure où je l'interrogeais, je m'apercevais qu'il était totalement incompétent. J'appelle mon chef et lui dis : "Pourquoi avons-nous embauché un type aussi mauvais ?" Il s'est gratté la gorge et m'a glissé : "Laisse tomber. Il n'est pas vraiment chez nous pour la promotion de la littérature française[1]..." »

Couvertures « épaisses »

Bon camarade, le Quai accepte aussi, au compte-gouttes, de fournir des couvertures diplomatiques « épaisses » à quelques agents de la DGSE non déclarés aux autorités locales. « Nous n'aimons pas cela mais, depuis quelques années, nous le faisons quand c'est indispensable pour une opération secrète importante[2] », confie un haut responsable de la maison. Dans ce cas, le ministère des Affaires étrangères invente pour l'agent une carrière diplomatique fictive, avec faux grade et diplômes imaginaires. Un cadre du service du

---
1. Entretien avec l'auteur, le 5 avril 2015.
2. Entretien avec l'auteur, le 12 septembre 2015.

personnel dûment habilité est chargé de la manip'. Selon plusieurs sources, cet arrangement ne concernerait qu'une dizaine de « vrais » espions qui, eux, bénéficient donc d'une fiche complète dans l'annuaire diplomatique.

Cet accord récent montre à quel point les relations entre le Quai et la DGSE, autrefois si orageuses, se sont apaisées. La multiplication des couvertures et des stations d'écoutes dans les ambassades sont le signe d'un net rapprochement entre les deux maisons, inimaginable il y a quelques années. Entre elles, ce n'est pas encore l'amour, mais ce n'est plus la guerre.

« Moustaches » contre diplos

La guerre ? Des décennies durant, elle a été feutrée mais féroce. Ambassadeur en Côte d'Ivoire sous Sarkozy, le « dignitaire » Jean-Marc Simon était, en 1978, jeune conseiller auprès du ministre des Affaires étrangères, Jean François-Poncet. « C'est moi qui faisait le lien avec le SDECE[1], raconte-t-il. Mon interlocuteur était Michel Roussin, le directeur de cabinet du patron. Chaque semaine, il m'apportait quelques analyses de son service dans une enveloppe estampillée "secret défense". En échange, je lui remettais une poignée de télégrammes diplomatiques. Mais, lui comme moi en donnions le minimum à l'autre. Nos deux boîtes se

---
1. Service de documentation extérieure et de contre-espionnage, créé en décembre 1945 et remplacé en avril 1982 par la DGSE.

méprisaient cordialement[1]. » Et ce dédain réciproque a perduré jusqu'à la fin du millénaire[2].

Longtemps, les « diplos » ont jugé que les « moustaches » étaient souvent des « nuls » qui, au mieux, produisaient du renseignement sans intérêt ; au pire, compromettaient le travail de la chancellerie par des opérations clandestines oiseuses. Et ce mépris persiste parfois. « Cela fait trente ans que je lis des notes de la DGSE, dit un ambassadeur, et je n'y trouve toujours que des commérages sans intérêt[3]. »

De leur côté, les espions regardaient habituellement leurs cousins du Quai comme des fonctionnaires lâches et arrogants, menant un train lascif aux frais de la République. Cette guéguerre permanente s'explique notamment par la proximité des deux métiers. « Un diplomate crée des relations sociales et en tire des informations, tandis que l'espion les acquiert par sa capacité de manipulation et de contrôle, explique Jean-Claude Cousseran, qui, on va le voir, a été à la fois un grand ambassadeur et un patron respecté de la DGSE. À la fin d'une rencontre, un diplomate serre la main de son interlocuteur, quand un espion lui demande un reçu pour l'argent qu'il vient de lui remettre[4]. »

---

1. Entretien avec l'auteur, le 6 octobre 2015.
2. Jean François-Poncet, qui a été ministre des Affaires étrangères de 1978 à 1981, n'avait lui-même que mépris pour les services secrets : « J'espère que mon origine du Quai d'Orsay ne pollue pas mon jugement, mais je considère que les télégrammes des ambassadeurs étaient remarquables. Très franchement, les notes du SDECE, elles, ne furent jamais aussi intéressantes… », confie-t-il à Jean Guisnel et David Korn-Brzoza dans leur livre *Au service secret de la France* (La Martinière, 2014).
3. Entretien avec l'auteur, le 3 mai 2015.
4. Entretien avec l'auteur, le 21 octobre 2015.

Au sein des ambassades, la cohabitation tournait souvent au vinaigre entre ces deux groupes qui travaillaient dans la même enceinte en s'évitant soigneusement. « Les rares fois où il daignait assister à mes réunions, le chef de poste [le patron de la DGSE sur place] ne disait rien, ne partageait aucun renseignement, c'est tout juste s'il acceptait de me donner l'heure, ça me rendait dingue[1] », déplore un ancien ambassadeur en Asie au début des années 1990. « Pour m'em…, certains diplos n'hésitaient pas à saboter mon boulot et parfois même ma couverture, j'ai failli plus d'une fois leur casser la gueule[2] », répond en écho un ex-officier des services secrets, en poste en Europe de l'Est à la même époque. On a connu camaraderie plus chaleureuse…

L'Afrique toujours chasse gardée

La situation était – et demeure – particulièrement tendue en Afrique, chasse gardée du renseignement. « Le chef de poste passait son temps à m'espionner et même à écouter mes conversations pour les rapporter au dictateur du coin », assure un ancien ambassadeur sur le continent noir[3]. De 1985 à sa mort, le président guinéen Lansana Conté refusait, lui, tout bonnement de parler à l'ambassadeur de France à Conakry. Il ne tolérait qu'un seul interlocuteur : le patron local de la

---
1. Entretien avec l'auteur, le 8 juin 2015.
2. Entretien avec l'auteur, le 5 mai 2015.
3. Entretien avec l'auteur, le 9 octobre 2015.

DGSE qui lui servait de conseiller politique. Même chose évidemment pour le numéro un tchadien, Idriss Déby, qui a été mis au pouvoir par le service français en 1990. Avec lui, l'actuelle ambassadrice de France, Évelyne Decorps, n'a, comme ses prédécesseurs, que des contacts épisodiques, tandis que le chef de poste a table et cœur ouverts au palais Rose, la résidence présidentielle à N'Djamena.

Entre le Quai et la Centrale, la glace a commencé à fondre timidement à la fin de la guerre froide. En 1989, François Mitterrand nomme un civil, le préfet Claude Silberzahn, à la tête de la DGSE, qui jusque-là était presque toujours dirigée par un militaire. Le nouveau maître espion arrive quatre ans après l'affaire du *Rainbow Warrior*. Le sabotage du bateau de Greenpeace par des agents secrets français dans le port d'Auckland a coûté la vie à un photographe portugais. Le scandale a été tel que la DGSE est paralysée. Le préfet entreprend de la réorganiser de fond en comble. Il veut la réintégrer dans l'appareil d'État qui la traite en paria. Il y parviendra grâce à un « diplo ».

L'idée de Silberzahn : une nouvelle direction « de la stratégie », comme il l'appelle, et qui sera vite surnommée la « DS ». Sa mission : faire accoucher les administrations –Trésor, Défense, Industrie... – de leurs besoins en matière de renseignement et assurer le lien avec les services étrangers. Profil du futur patron : ne pas être de la maison et savoir rédiger des notes qui ont du punch. Silberzahn opte pour un diplomate de gauche, Jean-Claude Cousseran, qui a roulé sa bosse dans de nombreux pays. Reconnaissable à son généreux embonpoint, ce spécialiste du Moyen-Orient sera, pendant plus d'une décennie, l'homme clé du rapprochement entre les « diplos » et les « moustaches ». Grâce à lui, la DS devient d'emblée un fief du Quai. Il y recrute surtout des diplomates. Et tous ses successeurs, sans exception, seront issus des Affaires étrangères.

Cousseran, l'homme clé

En 2000, la fonte des glaces s'accélère. Jacques Chirac et Lionel Jospin doivent se mettre d'accord sur un nom pour remplacer le préfet Jacques Dewatre, qui a succédé à Claude Silberzahn. Pour ce poste hautement sensible, il faut une personnalité qui inspire confiance aux deux camps. L'Élysée et Matignon topent pour le rassurant Cousseran. C'est une première. L'expérience ne dure pas. Suspecté d'avoir trempé dans l'affaire du prétendu compte secret de Chirac au Japon, le premier directeur « diplo » de la DGSE est débarqué juste après l'élection présidentielle de 2002 et mis au placard. Mais l'Élysée conserve l'idée de placer un homme du Quai à la tête de la Centrale. Ce sera un ambassadeur de droite, frère d'un député UMP, ami du président : Pierre Brochand.

Tout au long du second mandat de Jacques Chirac, les relations entre les deux maisons se détendent rapidement grâce à l'amitié qui lie Pierre Brochand et Pierre Vimont, directeur de cabinet de tous les ministres pendant cette période. Quelques années auparavant, le second a été l'adjoint du premier qui dirigeait la Direction générale des relations culturelles du Quai d'Orsay. « Nous avons travaillé main dans la main dans la lutte contre le terrorisme qui commençait, raconte Pierre Vimont. Et surtout dans des affaires d'otages[1]. »

En juillet 2003, la DGSE aide Dominique de Villepin dans sa tentative de libérer son amie Ingrid Betancourt aux mains des Farc en Colombie depuis un an. La famille de la prisonnière fait confiance à un intermédiaire, un prêtre, qui assure pouvoir faire relâcher la jeune femme prétendument malade, quelque part dans la jungle, à la frontière entre la Colombie et le Brésil. Le ministre est saisi de l'affaire et décide d'envoyer sur place une petite équipe, emmenée par le chef adjoint de son cabinet, pour exfiltrer la prisonnière. Il convainc le patron de la DGSE de monter avec le Quai l'opération baptisée *14-Juillet*[2]. Bien qu'elle vire au fiasco, l'action marque une étape supplémentaire dans le rapprochement des deux maisons.

Après son élection, Nicolas Sarkozy garde le chiraquien Pierre Brochand. Mais l'année suivante, la DGSE rate complètement un dossier majeur. « Début août 2008, nous avons demandé au service secret s'il pensait qu'il y aurait une guerre entre Moscou et la Géorgie, raconte un haut responsable du Quai à l'époque. Sa réponse a été catégorique : non. Pourtant, le conflit éclatera quelques jours plus tard[3]. » Est-ce à cause de cet échec ? En octobre 2008, Nicolas Sarkozy, qui a beaucoup œuvré pour apaiser cette grave crise

---

[1]. Entretien avec l'auteur, le 17 juillet 2015.
[2]. Roger Faligot, Jean Guisnel et Xavier Raufer, *Histoire politique des services secrets français*, La Découverte, 2012.
[3]. Entretien avec l'auteur, le 4 avril 2015.

russo-géorgienne, limoge Brochand et nomme à sa place un préfet au nom à rallonge, Erard Corbin de Mangoux. Cependant l'objectif d'une association entre le Quai et la DGSE perdure.

Rattacher la DGSE au Quai ?

En 2008, le nouveau chef de l'État décide de moderniser l'espionnage français à l'anglo-saxonne. À l'image des États-Unis, il crée à l'Élysée le poste de coordonnateur du renseignement, dont le premier titulaire sera l'ex-ambassadeur en Irak et en Algérie, Bernard Bajolet. Pour la DGSE, il voudrait copier la Grande-Bretagne, le pays de James Bond où le chef des services secrets reçoit directement ses ordres du patron du Foreign Office. Nicolas Sarkozy chatouille donc l'idée de rattacher la Centrale, qui dépend du ministère de la Défense, au Quai d'Orsay.

« C'était logique, dit un proche de l'ancien président. Le métier de la DGSE consiste notamment à entretenir des contacts clandestins avec des mouvements ou des individus auxquels officiellement l'État français ne parle pas. En rattachant le service secret au Quai, on coordonnerait mieux les deux diplomaties, la secrète et la publique[1]. » Mais le chantier est pharaonique et pourrait déclencher une nouvelle guerre entre les ministères de la Défense et des Affaires étrangères. Sarkozy renonce à ce mariage potentiellement explosif.

---

1. Entretien avec l'auteur, le 3 septembre 2015.

Ce sera plutôt un pacs informel. Bernard Kouchner et son équipe entretiennent de bons rapports avec la Centrale. « J'ai aidé à résoudre certaines affaires d'otages qui empoisonnaient la vie de la DGSE, en particulier les deux journalistes séquestrés en Afghanistan qu'elle n'arrivait pas à faire sortir, explique le french doctor. Le service m'en a été très reconnaissant. De la création d'un centre de crise au Quai d'Orsay aussi, qui canalise vers ce ministère les demandes et les angoisses des familles[1]. »

Bernard Kouchner ajoute, pas peu fier : « Pour toutes ces raisons, Corbin de Mangoux m'a remis la médaille de la DGSE, juste après ma démission du Quai fin 2010. La cérémonie, confidentielle, s'est déroulée au siège de la Centrale, boulevard Mortier. À ma connaissance, c'est la première fois qu'un ministre des Affaires étrangères a reçu un tel honneur. »

Les espions avaient surtout envie de décorer son directeur de cabinet, Philippe Errera, mais, afin de ne vexer personne, ils ont aussi distingué son patron. Le chef informel de la secte[2], qui conserve précieusement la médaille dans son bureau, a été l'autre figure clef du rapprochement entre les deux maisons. Principalement à cause du dossier nucléaire iranien dont il est, on l'a vu, l'un des grands spécialistes et que la DGSE a suivi de très près depuis le début.

---

1. Entretien avec l'auteur, le 13 septembre 2015.
2. Voir le chapitre précédent « La secte », p. 241.

C'est donc tout naturellement que François Hollande reprend la tradition instaurée par Chirac et Jospin. En avril 2013, après l'échec de l'opération visant à libérer l'agent de la DGSE Denis Allex[1], otage en Somalie depuis quatre ans, le nouveau président de la République limoge Erard Corbin de Mangoux. Il le remplace par son ami Bernard Bajolet, qui a été son maître de stage à l'ambassade de France à Alger, où, étudiant à l'ENA, le futur chef de l'État a passé quelques mois en 1978. François Hollande l'élèvera à la dignité d'ambassadeur de France, le 5 mai 2013.

Aujourd'hui ce sont des « diplos » qui règnent sur les services secrets – au grand dam d'un nombre croissant d'espions. Outre la direction générale, ils occupent plusieurs postes clés. À l'Élysée, le coordonnateur du renseignement est, depuis 2015, Didier Le Bret, ancien ambassadeur en Haïti. À la Centrale, le patron de la DS est un ancien ambassadeur en Israël, Christophe Bigot, qui devrait être remplacé par l'ancien directeur adjoint du cabinet de Laurent Fabius, Martin Briens, l'un des animateurs de la secte. Mais ce n'est pas tout. Même le patron de la direction dite « du renseignement », c'est-à-dire celle en charge du cœur de métier d'espion, le recrutement des sources humaines, est, pour la première fois, lui aussi un diplomate : François Sénémaud. Cet

---

[1]. Pseudonyme d'un adjudant-chef du service Action, retenu depuis juillet 2009 par les islamistes du mouvement chebab. Malgré une préparation minutieuse, l'opération pour le libérer vire au drame : l'otage est exécuté, et quatre membres du service sont grièvement touchés, dont un officier qui décédera quelques heures plus tard. Voir notamment l'article de Jean Guisnel dans *Le Point*, 7 mars 2013.

énarque, ancien ambassadeur au Laos, n'a pas fait une carrière fulgurante au Quai d'Orsay. Il doit, dit-on, sa nomination à son appartenance à une confrérie très particulière : les anciens des cabinets de Pierre Joxe, qui occupent le haut du pavé au cabinet de Jean-Yves Le Drian. Reste qu'il s'agit bien d'un « diplo » de plus et cela ne plaît pas à nombre d'espions de carrière qui considèrent qu'avec la nomination de Sénémaud une ligne rouge a été dépassée[1].

À la recherche des signaux faibles

Un autre pas est franchi en juin 2014. Les terroristes de Daech viennent de prendre la deuxième ville d'Irak, Mossoul. Laurent Fabius est exaspéré. Personne n'avait prévu une avancée aussi brutale. C'est la quatrième fois en moins d'un an qu'un basculement stratégique prend l'État français par surprise. Il y a eu la destitution de Mohamed Morsi en Égypte en juillet 2013, la révolution sur Maïdan en Ukraine en janvier 2014 et l'annexion de la Crimée par la Russie en mars. À chaque reprise, les diplomates comme les espions n'ont rien vu venir. Le ministre des Affaires étrangères convoque le secrétaire général du Quai, Christian Masset, et le patron du CAPS, le normalien Justin Vaïsse. Il leur demande de créer au plus vite une structure discrète qui n'aura qu'une mission : anticiper les crises en détectant les « signaux faibles » avant-coureurs. Plusieurs organismes

---
1. C'est sans doute l'une des raisons de sa probable nomination comme ambassadeur d'Iran.

sont conviés à y participer, à croiser leurs analyses et leurs prévisions. Et, en premier lieu, la DGSE.

La première réunion a lieu en septembre 2014 au Quai d'Orsay. Il y en aura une tous les deux mois environ. Les résultats sont plutôt encourageants. Sur 93 scénarii établis pendant un an, 42 se sont réalisés[1]. Le 12 février 2015, dans une note au ministre synthétisant la troisième rencontre, Justin Vaïsse évoque « le risque d'un attentat d'ampleur dans la capitale tchadienne, où Boko Haram dispose de cellules dormantes[2] ». Plusieurs attaques suicides auront effectivement lieu trois mois plus tard, à N'Djamena, centre névralgique de la guerre française contre les mouvements terroristes du Sahel.

La même note envisage une intervention saoudienne au Yémen qui sera déclenchée un mois et demi plus tard. À ce propos, le directeur du CAPS fait part d'un scénario qui va obséder les dirigeants français jusqu'à aujourd'hui : celui « d'une demande d'assistance de la France [à l'Arabie saoudite] au nom des accords de défense existants » – qui, au passage, sont totalement secrets… En revanche, toujours dans cette note de février 2015, le directeur du CAPS évoque un possible renversement du président vénézuélien Maduro avec « un retour des militaires » au pouvoir, qui ne se produira pas.

Le 16 avril 2015, le groupe de prospective, qui ne verra pas venir l'intervention russe en Syrie, anticipe un problème qui malmènera l'Union européenne trois

---
1. Note du CAPS, n° 43, 3 février 2016.
2. Note du CAPS, n° 43, 12 février 2015.

mois après : « Avec les beaux jours, écrit Justin Vaïsse au ministre des Affaires étrangères, les risques de naufrages spectaculaires et meurtriers augmentent. 800 000 migrants stationneraient actuellement en Libye dans l'attente de pouvoir passer en Europe[1]. »

Le 26 juin, alors que la crise migratoire n'a pas encore vraiment commencé, le CAPS évoque, avec prémonition, le risque d'un choc à l'est de l'Europe à ce sujet, « accentuant les divisions européennes ». Il envisage aussi une intervention israélienne contre le Hezbollah, qui n'a jamais vu le jour ; un scénario cauchemar pour la diplomatie française qui n'aura pas lieu non plus : « Les Égyptiens devenant de plus en plus critiques envers Sissi manifestent [...] nous plaçant dans une situation difficile au vu de notre soutien affiché à [leur] président. » Ouf !

---

1. Note du CAPS au ministre, n° 125, 16 avril 2015.

18

Après *Charlie*...

La vérité crue, sans langue de bois. Elle est là, dans une longue note confidentielle destinée à la haute hiérarchie du Quai d'Orsay et à l'Élysée. Elle a été rédigée, quelques semaines après les attentats contre *Charlie Hebdo* et l'Hyper Cacher, par le service de prospective du ministère, le CAPS. Elle traite du dossier le plus tabou de la diplomatie française : l'Arabie saoudite, notre inquiétante alliée.

Pour mesurer l'importance de ce texte de huit pages, il faut retracer l'histoire récente de cette alliance si problématique. C'est François Hollande qui, dès son arrivée au pouvoir, impose un rapprochement avec Riyad. Il y effectue son premier voyage au Moyen-Orient. Une manière de prendre ses distances avec Nicolas Sarkozy qui, à partir de 2009, a ouvertement boudé les Saoud au profit de la monarchie qatarie. Et d'inscrire sa politique étrangère dans les pas des autres présidents français et particulièrement de François Mitterrand, dont le premier déplacement officiel à l'étranger, en septembre 1981, fut en Arabie saoudite.

Hollande le Saoudien

François Hollande va plus loin que son maître à penser. Au fil du quinquennat, il aligne, en tout point, sa politique au Moyen-Orient sur celle de la monarchie saoudienne. Vis-à-vis du Liban – pour soutenir les Hariri –, de la Syrie – contre Bachar al-Assad –, de l'Iran – contre son programme nucléaire. Et même vis-à-vis de l'Égypte, le plus peuplé des pays arabes, où la révolution en 2011 a porté l'espoir des jeunes de toute la région mais terrifié les princes saoudiens. Lorsqu'en juin 2012 le candidat des Frères musulmans, Mohamed Morsi, remporte l'élection présidentielle égyptienne, François Hollande, tout juste élu lui aussi, le félicite et se dit prêt à aider la jeune démocratie, fût-elle islamiste.

Cet appui ne va pas de soi, puisque, pendant des décennies, Paris a soutenu au Caire la dictature d'Hosni Moubarak justement pour empêcher la prise de pouvoir par les Frères musulmans et leurs émules. La position de François Hollande, apparemment ouverte à une évolution « islamiste » de l'Égypte, s'inscrit dans la continuité du discours historique d'Alain Juppé à l'Institut du monde arabe, un an plus tôt[1].

Le 16 avril 2011, quelques semaines après la chute de Moubarak et du Tunisien Ben Ali, et après que la diplomatie française a été violemment critiquée pour sa proximité avec ces dictateurs, le ministre des Affaires

---
1. Voir le chapitre « 14-Juillet à Damas », p. 67.

étrangères de Sarkozy assure que Paris est désormais ouvert au dialogue avec les « courants islamistes » qui acceptent le jeu démocratique et entend en finir avec le soutien aveugle aux régimes autoritaires. Mais François Hollande va vite oublier ces belles promesses et revenir au réalisme le plus froid. À la grande satisfaction d'une partie de la « rue arabe » du Quai d'Orsay – les spécialistes maison de la région –, qui juge irresponsable le flirt avec les Frères. Et au désespoir de l'autre, qui considère la doctrine Juppé comme la plus morale et la plus raisonnable à long terme.

En juillet 2013, après douze mois de gestion erratique et d'insatisfaction populaire grandissante, Mohamed Morsi est renversé par un putsch militaire encouragé par la monarchie saoudienne, ennemie farouche des Frères musulmans qui entendent, eux aussi, prendre le pouvoir dans le monde arabe. Loin de dénoncer ce coup d'État, l'Élysée l'accueille avec un lâche soulagement. Et jette ainsi, du jour au lendemain et sans explication, le discours de Juppé aux oubliettes.

Les Saoudiens sont très satisfaits de leur allié français, qui, malgré les principes affichés, n'hésite pas à abandonner un président démocratiquement élu. Et Riyad prouve dix-huit mois plus tard son amitié et sa reconnaissance de façon sonnante et trébuchante.

Le pacte immoral

Bien que – ou parce que... – le nouveau raïs égyptien, le maréchal Sissi, torture des milliers d'opposants islamistes et laïcs et libère Hosni Moubarak, condamné à la prison à vie quelques mois plus tôt, les Saoud décident d'offrir à Sissi et à sa clique du matériel militaire dernier cri. Et s'adressent à la France, qui, au lieu de refuser de livrer des armes à ce régime plus tortionnaire encore que celui de Moubarak, s'empresse de lui vendre vingt-quatre Rafale, premier contrat export pour le chasseur-bombardier, et de lui fourguer les deux porte-hélicoptères Mistral originairement destinés à la Russie. Un succès commercial foudroyant pour François Hollande... et une déroute morale, doublée d'une angoisse permanente quant aux réactions du peuple égyptien à l'égard de la France[1].

Cette alliance franco-saoudienne, contre-nature à bien des égards, un diplomate l'incarne à lui tout seul mais à son corps défendant : Bertrand Besancenot, ambassadeur à Riyad depuis neuf ans – record absolu de longévité à un tel poste. Cet arabisant, qui ressemble à s'y méprendre à l'ancien maire du Ve arrondissement de Paris, Jean Tibéri, a été nommé par Jacques Chirac en 2007, bien avant les « printemps arabes » et la chute de Moubarak. Plusieurs fois, ce catholique pratiquant de soixante-quatre ans a demandé à quitter ce poste ingrat, dans ce pays où toute pratique religieuse non

---
1. Voir le chapitre précédent « Fausses barbes et grandes oreilles », p. 279.

musulmane est strictement interdite en public et à peine tolérée en privé. Il voudrait être nommé au... Vatican.

Distingué par le pape en personne, qui l'a fait grand-croix de l'ordre de Saint-Grégoire-le-Grand, une distinction très rarement accordée, pour avoir réussi à faire construire la première église du Qatar quand il y représentait la France, Bertrand Besancenot ne cache pas sa foi. À Riyad, il organise, tous les jeudis, une messe dans son ambassade à laquelle assistent des Français mais aussi des ressortissants d'autres pays. Il accueille même en catimini les prêtres clandestins de passage. Malgré cet activisme religieux dans ce pays qui interdit jusqu'à l'importation de la Bible, les Saoud – allez savoir pourquoi ! – l'apprécient au plus haut point et, après chaque demande de mutation, insistent auprès de l'Élysée pour qu'il reste. C'est la raison pour laquelle le soldat Besancenot est, pour son malheur et celui de sa femme, toujours là, fidèle au poste, dans sa résidence grignotée par le sable et à la climatisation erratique.

C'est dans ce contexte historique et diplomatique qu'il faut lire la longue note du CAPS sur l'Arabie saoudite. Deux mois après les attentats de janvier, une équipe du centre de prospective du Quai se rend donc, du 2 au 5 mars 2015, à Riyad et à Djedda pour ausculter ce « partenaire incontournable » de Paris. Elle veut répondre à deux questions majeures : comment va évoluer la monarchie, dirigée depuis peu par un nouveau souverain, Salman ? et jusqu'où la France peut-elle se compromettre avec un tel régime, allié aux wahhabites, ceux-là mêmes qui ont enfanté Daech ? La mission a accès à des personnalités qui ne se confient jamais publiquement. Particulièrement éclairant, son diagnostic est implacable – et très éloigné du discours officiel français, particulièrement édulcoré quant à la situation réelle chez nos amis saoudiens.

La note[1], datée du 24 avril 2015, commence par décrire le système politico-religieux, à la fois oppressant et explosif, qui prévaut en Arabie saoudite depuis le XVIIIe siècle. « Au terme du pacte passé avec le théologien Abd el-Wahhab, le pouvoir laisse les clercs [wahhabites, donc] appliquer à la société leur vision très rigoriste de la morale religieuse pour autant que la gestion du champ politique soit réservée à la famille al-Saoud. La religion et la politique se donnent ainsi de l'autorité l'une à l'autre, en excluant théoriquement tout ce qui n'est pas dans la droite ligne du wahhabisme. »

Vérités cachées sur les Saoud

Or, premier constat, sous la coupe de Salman, notre allié saoudien ne va pas se libéraliser mais, bien au contraire, devenir une dictature de plus en plus féroce et rétrograde. « Sans surprise, l'avènement du nouveau roi n'a rien changé au pacte fondamental qui lie la famille Saoud au clergé wahhabite, garant de sa légitimité, écrit la diplomate Brigitte Curmi, l'un des trente chercheurs du CAPS, qui fut numéro deux à l'ambassade de France à Doha de 2009 à 2013. Pas plus que ses prédécesseurs, Salman ne devrait pas entreprendre

---

1. CAPS/100, intitulée « L'Arabie saoudite au piège du wahhabisme », archives personnelles de l'auteur.

des changements qui soient de nature à remettre en cause cette alliance fondamentale, même si [...] le mariage du pouvoir politique avec le clergé wahhabite – conjugué à une très forte prégnance du patriarcat – entraîne une contrainte sociétale de moins en moins compatible avec l'exposition du pays à la mondialisation. » Plus grave, « beaucoup redoutent que, sous prétexte de la nécessaire lutte contre le terrorisme, ne soit installé un véritable État policier, laissant de moins en moins de marges de manœuvre à une société déjà fortement encadrée » et, en particulier, aux femmes, « privées de la plupart de leurs droits fondamentaux ».

Selon le CAPS, le roi Salman va faire dangereusement régresser la société saoudienne. « Beaucoup créditent le [défunt] roi Abdallah [des] timides évolutions vis-à-vis du modèle fondateur. [...] Certains estiment qu'[il] avait cherché à "éliminer" les religieux les plus durs de son appareil d'État (aucun ministre wahhabite dans son dernier cabinet). Le fait que Salman ait d'emblée réintégré quatre ministres à sensibilité wahhabite, dont le controversé ministre des Affaires religieuses démis par son prédécesseur, interroge d'autant plus que ces dispositions coïncident avec la marge d'action laissée à la police religieuse. » Si bien que « le plus inquiétant pour l'avenir reste l'incapacité intrinsèque du royaume à faire l'aggiornamento de la doctrine wahhabite qui contient les germes de tous les radicalismes, dont celui d'al-Qaida et de Daech ». Tel est notre allié « incontournable », vu par les experts du Quai d'Orsay, quelques semaines seulement après les massacres de janvier 2015 !

Sous couvert d'anonymat, leurs interlocuteurs saoudiens « ont comparé la sauvagerie actuelle de Daech, sa pratique des décapitations et son obstination à détruire tout ce qui n'est pas orthodoxe, selon son interprétation extrême du Coran, à celles des wahhabites s'acharnant sur le patrimoine artistique et religieux, y compris islamique et sur leurs opposants lors de la conquête de la Péninsule [arabique] au début du XXe siècle et lors des années 1970 et 1980 ».

La rédactrice de la note ajoute, visiblement abasourdie, que l'une des personnes interrogées par le CAPS « n'a pas hésité à parler de la nécessité de "dewahhabiser" l'État saoudien sur le modèle de la dénazification de la société allemande d'après-guerre » ! Mais rien de tel n'est en vue. D'autant moins que « le contexte régional accroît encore la difficulté à faire ce pas décisif vers moins de wahhabisme et la tendance est plutôt à la surenchère pour faire pièce à Daech : la famille Saoud ne se laissera pas déborder sur la droite ».

En fait, l'Arabie saoudite, « qui n'a jamais été aussi menacée par son voisinage immédiat », refuse d'aborder les dangers intérieurs. « Certes, [elle] déploie de nombreux efforts pour se protéger du terrorisme et des retours de bâton d'al-Qaida et de Daech, mais rien ne laisse penser qu'un véritable traitement en profondeur des causes de la radicalisation – qui voudrait dire changer la nature du système politique du royaume – soit imaginé par les autorités saoudiennes. »

Pourtant, convient Brigitte Curmi, « nous devons composer avec [ce] pays qui ne partage pas notre mode de vie et notre conception des droits de l'homme – et dont l'alliance avec une vision rétrograde de l'islam n'est pas sans rapport avec l'explosion actuelle du terrorisme jihadiste ». Et elle ajoute, un brin cynique : « Il nous faut donc trouver les moyens de répondre aux critiques grandissantes d'une opinion publique qui nous accuse de complaisance à l'égard de Riyad. »

Comment ? La note ne le dit pas. Elle se contente de proposer quelques initiatives à l'égard des autorités saoudiennes, visant à « appeler au changement et à la modération par tous les canaux possibles »… Une recommandation qui en dit long sur le grand écart de la politique française vis-à-vis de l'Arabie saoudite, avec laquelle Paris entretient « des relations excellentes » : « Saisir l'occasion de la menace de Daech pour entamer un dialogue exigeant et discret sur la parenté entre wahhabisme et extrémisme, par exemple à partir de cas de jeunes Français radicalisés dans des universités saoudiennes. » Des cas dont les autorités françaises se gardent bien de parler à leur propre opinion publique…

L'été pourri du roi Salman

En fait de « modération », l'ambassadeur Bertrand Besancenot a discrètement obtenu l'annulation de six peines de mort. Et c'est à peu près tout. Il passe la plupart de son temps à vanter, à la cour du roi, les mérites de la France, de ses armes et de ses plages. Pour respecter, à sa façon, les directives de Laurent Fabius sur la promotion du tourisme en France, le diplomate a convaincu Salman de venir passer ses premières vacances de souverain sur la Côte d'Azur, dans son palais de Golfe-Juan, une propriété qui a appartenu au roi Farouk d'Égypte et que, depuis plusieurs années, Salman délaissait au profit de ses villas de Marbella et de Tanger.

Le souverain et sa cour arrivent donc en Provence, le 25 juillet 2015, avec la ferme intention d'y lézarder pendant un mois. Les commerçants se frottent les mains en voyant débarquer mille personnes, dont on dit qu'elles dépensent 10 000 euros par jour chacune ! Seulement voilà, la préfecture a fait fermer la petite plage publique située au bout de la villa. « Pour des raisons de sécurité », assure-t-elle. Une décision qui exaspère les habitués du lieu et d'autres. Une pétition contre cette fermeture circule et recueille des milliers de signatures. Si bien que le dévoué Besancenot passe son mois d'août à tenter d'apaiser la fureur de Sa Majesté qui, se sentant indésirable, fait ses valises au bout d'une semaine. Il obtient que François Hollande, penaud, passe un coup de fil au roi courroucé, avant son départ pour Tanger. Autant de courbettes bien humiliantes.

Trois nuances de vert

Une autre note du CAPS[1], rédigée trois semaines après l'attentat contre *Charlie*, a marqué les esprits... jusqu'à l'Élysée où le secrétaire général, Jean-Pierre

---

1. CAPS/02 bis du 2 février 2015, intitulée « L'islamisme dans le monde arabe aujourd'hui : trois nuances de vert », archives personnelles de l'auteur

Jouyet, l'a fait circuler avec des commentaires élogieux. Dans ce texte confidentiel, les auteurs entendent répondre aux hommes politiques qui appellent à la guerre contre l'islamisme en général, qualifié d'« islamofascisme » par Manuel Valls, ou de « fascisme vert » par Marine Le Pen.

La thèse du CAPS est énoncée dès le début : « L'islamisme n'est pas une catégorie opérante en elle-même. C'est un concept dont les déclinaisons sont nombreuses, des moins problématiques aux plus dangereuses. » Et pour bien enfoncer le clou, les auteurs ajoutent : « Il est important de le garder à l'esprit pour résister aux amalgames et définir notre politique. »

Très pédagogues, les spécialistes du Quai expliquent que l'islamisme comporte, en réalité, « trois nuances de vert ». Les salafistes d'abord, qui, malgré ce qui est souvent dit, n'appellent jamais à la violence. Ce sont « des mouvements centrés sur un puritanisme religieux et social extrême, mais qui se désintéressent du politique ». Voilà pourquoi « tous les régimes autoritaires dans le monde arabe ont favorisé ces mouvements à partir des années 1970 – comme contre-feu à d'autres tendances islamistes plus politisées ». Où ? Chez tous les alliés de la France – « Égypte, Tunisie, Algérie et Arabie saoudite –, ce qui constitue la version la plus aboutie de ce donnant-donnant [avec les wahhabites qui sont des salafistes] ». « Salafisation » des sociétés arabes que l'Occident faisait semblant de ne pas voir – et qu'il paye aujourd'hui en retour...

Ensuite, les Frères musulmans, qui « considèrent l'islam comme un vecteur pour parvenir au meilleur système de gouvernement possible ». Leur but est « de réformer les pouvoirs existants pour les rapprocher d'un "modèle islamique", dont le fondateur du mouvement, l'instituteur égyptien Hassan al-Banna, n'a pas précisé les contours. N'étant « pas obsédés par l'orthodoxie, les Frères musulmans sont plus en mesure que la famille salafiste de composer avec la pluralité ». Ils ne sont ni antichiite, ni antichrétien. La preuve : « Le numéro deux du parti politique des Frères musulmans égyptiens, Justice et liberté (interdit en 2014), était le copte Rafic Habib, chose impensable » pour un parti salafiste. Pour le CAPS, il y a donc bien une version modérée de l'islamisme, un peu comparable à la démocratie chrétienne européenne – une thèse qu'une partie de la « rue arabe » réfute.

Enfin, troisième nuance de vert, la plus problématique et qui fait évidemment l'unanimité contre elle : « La famille jihadiste qui ne croit pas à la réforme des pouvoirs existants et prône leur renversement par la violence pour les remplacer par un État islamique. » Comme les communistes dans les années 1930, ils sont divisés en deux camps. « Certains, comme al-Qaida et Jabbat al-Nosra, comparables aux trotskistes en leur temps, veulent exporter leur vision de l'islam, de manière à inverser le rapport de force global en leur faveur, ce qui seul permettra l'établissement d'un califat définitif et rédempteur ; d'autres, comme Daech, selon une logique plus "stalinienne", visent l'établissement d'un califat, "ici et maintenant", sur un territoire donné à partir duquel est censé se répandre le jihad global. » Cette différence, majeure, n'est pas encore bien perçue.

Le côté trotskiste de Jabbat al-Nosra explique pourquoi ce mouvement a été ajouté dans la liste des cibles communes entre la France et la Russie, fin 2015.

Au final, concluent les experts du CAPS, « il n'y a pas d'"Internationale islamiste et terroriste", mais une variété d'islamistes qui doivent être considérés de différentes manières ». Évidemment, « les jihadistes terroristes ne peuvent être que combattus ». Comment agir vis-à-vis des salafistes qui « peuvent être rassurants pour les pouvoirs en place, parce qu'ils ne contestent pas » ? Les experts du CAPS sont formels : « Ils doivent nous inquiéter, en raison de leur agenda ultra-conservateur qui, par définition non négociable, bloque toute possibilité de réforme et oriente les frustrations sociales vers le jihadisme ». Le risque « pour la France et l'Occident serait à terme de se retrouver au Moyen-Orient face à deux monstres qui se nourrissent l'un l'autre : des régimes ultra-autoritaires, à l'image de celui du maréchal al-Sissi ou de Bachar al-Assad et des jihadistes globaux, radicalisés et terroristes sur le modèle de Daech ».

Ainsi, pour le service de prospective du Quai, le régime de notre ami al-Sissi, auquel nous livrons Rafale et Mistral dernier cri, est « un monstre » qui fait croître le nombre de terroristes. Une manière on ne peut plus claire de dire que les politiques étrangère – ou plutôt commerciale – et sécuritaire de la France sont gravement antagonistes !

On comprend que le CAPS préférerait que Paris mise sur les Frères musulmans, qui sont « inquiétants par leurs objectifs politiques et leur mode de fonctionnement autoritaire », mais qui sont « potentiellement capables d'évoluer en raison de leur pragmatisme politique », comme on l'a vu en Tunisie. Bref, au Quai, tout le monde n'a pas oublié le discours d'Alain Juppé à l'Institut du monde arabe[1]...

---

1. Voir le chapitre « 14-Juillet à Damas », p. 59.

Épilogue

C'est l'un des diplomates les plus capés de la République. Pourtant, derrière un sourire angélique, il profère les pires horreurs sur le Quai d'Orsay, son conservatisme et sa nomenklatura dont il fait partie. Il avoue notamment : « Mon fils ? Dans la Carrière comme moi ? Comme mon père ? Vous plaisantez : il n'y a plus d'avenir dans cette maison ! » Un autre, ambassadeur très en vue dans un grand pays, confie : « Je n'en peux plus du Quai, de sa bureaucratie, de ses ministres fous. Je reste ici le temps de trouver un bon job dans le privé. » Un troisième, jeune conseiller ministériel ultra-diplômé, lâche : « Je ne supporte plus ce petit club de l'entre-soi, obnubilé par la répartition des postes. Je cherche ailleurs. »

Évidemment, vous en trouverez toujours d'autres plus épanouis. Car, bien sûr, le prestigieux Quai d'Orsay possède encore de beaux restes, un savoir-faire et de belles implantations. Mais si l'on n'y prend pas garde, si personne ne s'attelle à en changer certaines pratiques en profondeur, à en redéfinir de fond en comble le rôle et les missions, cette institution en déclin risque d'être définitivement marginalisée, faute d'idées et de sang neufs. Et devenir l'une de ces vieilles gloires, dont on parle de temps à autre avec nostalgie.

Comment faire ? Tous les ministres s'y sont essayés. Depuis plus de vingt ans. De Juppé en 1993 à Fabius en 2015, en passant par Védrine et Kouchner, chacun a présenté sa grande réforme ; même Douste-Blazy. Mais aucune mesure n'a redynamisé durablement le Quai. Peut-être est-ce impossible ? Récemment, le directeur général du ministère, Yves Saint-Geours, présentait ce déclin comme une tendance historique inéluctable : « Le Quai d'Orsay n'assure plus que 2 à 3 % pour cent de la diplomatie française, assurait-il. C'est la société civile – les entreprises, les citoyens, les médias... – qui s'est pleinement emparée des relations entre les États, alors qu'auparavant elles étaient l'apanage presque exclusif des diplomates[1]. » Mais encore faudrait-il s'occuper correctement de ces 2 ou 3 %...

Avant de laisser sa place à Jean-Marc Ayrault, Laurent Fabius a lancé une grande consultation interne, intitulée « Le ministère du XXIe siècle ». Plus de six cents personnes y ont répondu. Cette séance de psychanalyse collective a servi de soupape à une crise qui bouillonne... et permis aussi de procéder à quelques ajustements. Mais tout le monde le sait : pour sauver l'institution, les prochains ministres devront aller plus loin. Beaucoup plus loin.

Ils pourraient s'inspirer des expériences de pays comparables au nôtre. La Grande-Bretagne, par exemple.

---

[1]. Intervention au Rendez-vous de l'Histoire, à Blois, le 22 octobre 2014.

ÉPILOGUE

Depuis quatre ans, le Foreign Office a entrepris une vaste opération de transparence : dans ses rapports publics, il révèle le montant des plus hauts salaires, le coût moyen d'une ambassade, toutes les transactions de plus de 30 000 euros – jusqu'au nombre de bouteilles de vin servies à des hôtes étrangers... Ce combat contre l'opacité et l'omerta n'est certainement pas suffisant, mais il est indispensable.

Que les futurs chefs de la diplomatie française regardent également du côté de l'Allemagne, qui a réformé et remusclé son action extérieure. Comment a-t-elle procédé ? À la différence de son homologue français, qui a une approche élitiste des affaires du monde, l'Auswärtiges Amt a accepté de se remettre en cause de façon démocratique. Il a organisé des débats publics sur la politique étrangère dans plusieurs villes, il a consulté des spécialistes d'une multitude de pays. Bref, comme le Foreign Office, il a ouvert les portes et les fenêtres. Il est urgent que le Quai d'Orsay les imite.

Remerciements

Ainsi que je l'expose dans l'avant-propos, ce livre ne doit rien au cabinet du ministre des Affaires étrangères. En revanche, il doit tout à la confiance et la détermination de très nombreux diplomates et hauts fonctionnaires. Certains ont accepté de parler *on* ; d'autres, qui se reconnaîtront, ont préféré rester anonymes. Je les remercie tous infiniment.

Merci à Roman Perrusset, mon éditeur qui a eu l'idée de cette plongée dans les coulisses du Quai d'Orsay. Notre collaboration d'un an et demi a été à la fois soutenue et paisible – un gage de succès.

Ma gratitude va aussi à Henri Guirchoun qui a relu, avec son œil avisé de rédacteur en chef et sa bienveillance naturelle, le manuscrit de ce livre qui, évidemment, n'engage que moi.

Les encouragements réguliers de mes enfants, Macha et Andreï, m'ont aidé à passer les moments difficiles. Un grand merci à vous deux.

Un merci musclé à Tiphaine Soulié, kiné dont le professionnalisme et la bonne humeur ont tenu mon dos et mes articulations en respect.

Enfin, sans Tania, son amour, rien n'aurait été possible.

Table

Avant-propos 9
1. Un scandale étouffé 13
2. Linge sale 27
3. Les Mickey d'Orsay 39
4. 14-Juillet à Damas 59
5. Sarkozy, Hollande et eux 71
6. Fabius Imperator 91
7. La question taboue 115
8. À vendre, bijoux de famille 129
9. Privatisation cachée 149
10. Gay d'Orsay 163
11. Trafics chez les Saoud 177
12. La panique des mâles 187
13. Bourses vides et poches percées 201
14. Ambassadeurs à louer 211
15. Dans le couloir de la mort 225
16. La secte 241
17. Fausses barbes et grandes oreilles 259
18. Après *Charlie*... 281

Épilogue 297

Remerciements 301

*Cet ouvrage a été composé et mis en pages
par Étianne Composition
à Montrouge.*

Imprimé en France par CPI
en avril 2016

Dépôt légal : avril 2016
N° d'édition : 55513/04 – N° d'impression : 135180